渋沢栄一 原作
渋澤 健 監訳

超約版
論語と算盤
Rongo and Soroban
by Eiichi Shibusawa

ウェッジ

超約版 論語と算盤

はじめに

新しいお札の顔として、またNHK大河ドラマの主人公として、注目を集める渋沢栄一。多くの事業を興し、「日本近代化の父」とも呼ばれる彼の言葉を集めた講演録が、『論語《ろんご》と算盤《そろばん》』です。『論語』は、古代中国の思想家である孔子の教えをまとめたもので、道徳などについて述べています。渋沢栄一の場合、ただこの『論語』について説明しているのではなく、同時に算盤、つまり経済について論じています。道徳と経済活動が一致すべき、それが渋沢栄一の考えでした。

この『論語と算盤』は、一九一六（大正五）年に初版が刊行されてから現在に至るまで、経営や生き方の参考として、多くの人に読み継がれています。ただ、やや難しい言い回しの多い書籍ですから、少しハードルが高いように感じる人もいるかもしれません。そこでこの本では、より理解しやすく短時間で読めるように、『論語と算盤』を現代語に訳し、要点のみを抜き出してまとめました（本書では「超約」と表記しています)。

渋沢栄一が生きたのは、日本の社会が近代化に向けて大きく舵を切った変化の時代でした。当事者が好もうが好むまいが、変化は否応なく訪れるものです。そして、社会が変化する時代に、人々がかならずぶつかるのが、「本当に大事なものは何か?」という問いです。変化のなかで渋沢栄一が目指していたのは、国民が豊かに、機会平等な社会で暮らせることでした。また、当時の日本社会には、西洋に追いついたことで、おごりのようなものがあったと思われます。それを一度リセットし、なぜ自分たちが発展できたのかを見直し、原点回帰しなければ、子どもたちに豊かさをバトンタッチできないかもしれない、そういう危機感も渋沢栄一にはあったように思います。

これは、現代の日本にもいえることです。長年デフレデフレといわれながらも、日本人はかなりいい生活ができています。経済的にも、社会的にも、自然的にも豊かです。ただ、そこで思考停止してしまえば、その豊かさはいずれ失われます。そのことを目に見える形で示したのが、コロナ禍でした。自分や家族が大切なのはもちろんですが、家にこもっているだけでは社会が止まって大変なことになる。それを肌で感じた数カ月だったと思います。同時に、自分や家族を大切に思うからこそ、社会にも豊かさを還元しなければならない、ということも感じたのではないでしょうか。

一人ひとりの行動、思いというものはけっして無力ではありません。ベクトルを合わせられれば、大きな時代変革を起こすことができるのです。今は、そんな時代の節目を迎えているのではないかと思っています。

そんななかで渋沢栄一がお札になるということには、少なくない意味があります。渋沢栄一がお札になると発表されたのは、令和の発表と同じ時期でしたから、新しい時代の国のあり方の象徴といえるでしょう。同時に発表された千円札は、日本近代医学の父として知られる北里柴三郎。五千円札は、女子教育の先駆者である津田梅子です。サイエンスと女性の活躍、そして事業の発展が日本には必要なのだというメッセージと捉えることができます。そして渋沢栄一の事業ですから、Ｍｅだけが利益を求める事業ではなく、Ｗｅの事業です。令和時代のサステナブルな社会に、そういった意識が必要だということを表していると思います。

渋沢栄一が行なってきたことは、今の時代が必要としているものごとに見事にシンクロしています。だから『論語と算盤』は読み継がれ、今また、大きくクローズアップされることになったのです。時代が『論語と算盤』を呼び起こしたともいえます。

私は渋沢栄一の玄孫（五代目）にあたりますが、じつは『論語と算盤』を代々受け継いできたというわけではありません。私自身、大学までアメリカにいたこともあり、四十歳くらいまでは渋沢栄一といえば昔の人というイメージでした。しかし、実際に『論語と算盤』を読み始めてみると、今のことにあてはめて解釈すれば使えると気づいたのです。そこからブログなどで言葉を紹介しはじめ、現在は講演活動を行ない、『論語と算盤』経営塾まで主宰するようになりました。

今回の本では「超約」の後ろに、どうやってこの知識を現代で役立てるか、どこが注目ポイントか、など私の考えも併せて掲載しています。一緒に読み解くつもりで、現代の生活やビジネスにどう役立てていくかを考えていただければ幸いです。

もくじ

第四章　仁義と富貴――利益だけを目指すな

第五章　理想と迷信——主義を通しても心は新たに

第六章　人格と修養——精神の修養に日々努める

第七章 算盤と権利 —— 豊かさを求め人は努力する

本書は『論語と算盤』（昭和二年、忠誠堂）を底本とし、現代語抄訳を行なうにあたり、現代仮名遣い、当用漢字に改めている。

渋沢栄一（国立国会図書館）

第一章

処世と信条——利益は正しく稼ぐもの

〇一

富の追求には道徳が必要 モラルなき経営は続かない

「論語と算盤は甚《はなは》だ遠くして甚だ近いもの」

今の道徳に対して最も重要だというべきものは、弟子たちが孔子について書いた『論語』という書物のなかにある。一方、企業経営や実業を象徴するものとして算盤がある。利潤追求と道徳とは一見、矛盾し、かけ離れたものだと思われるが、私はつねに、経営には道徳が必要である、また、道徳には実利的な視点での実践が必要だ、ゆえに論語と算盤はじつははなはだ近いものであると論じている。

私の知り合いの論語研究者も、経営や実利を熟知しておかねばならぬ、といわれた。道理と事実・利益とはかならず一致する。世間の進歩は、おおいなる欲望をもって利殖を図ることがなければ、けっして実現しない。そうでないと、ただ空理空論、虚栄におもむき、真理の発展を促進するものにはならない。

ゆえに私たちはなるべく政治や軍事が力をもち過ぎることなく、実業界が力をもつようになることを希望する。実業界の務めは富の増殖である。これがきちんとなされなければ、国の富が蓄積されることはない。国の富をなす根源は何かといえば、仁義道徳なのである。正しい道理の富でなければ、その富は永続しない。ここにおいて、論語と算盤というかけ離れたものを一致させることが、今日の重要な務めだと自分は考えている。

監訳者からのアドバイス

ここで渋沢栄一は、単に富の追求ではなく、事業の持続可能性（サステナビリティ）、すなわちモラルある経営について、述べています。大切なのは論語と算盤を合わせた関係であって、それらが車の両輪のように同じ大きさであることが大切なのです。

○二 情熱と冷静な頭脳 どちらも『論語』で養える

「士魂商才《しこんしょうさい》」

昔、菅原道真は和魂漢才《わこんかんさい》ということをいった。これに対して私はつねに士魂商才《しこんしょうさい》ということを唱えている。

和魂漢才とは、日本に特有なる大和魂を根底としつつ、中国の学問を習得して技能を養わなければならないという意味だ。中国の学問といえば、孔子の言葉を記した『論語』が中心である。菅原道真もこれを愛読したのだ。

士魂商才というのは、人が世間で活躍するには、まずは武士的精神が必要であるということだが、それのみに偏って商才というものがなければ、経済の上から自滅する、ということだ。ゆえに士魂と共にビジネスセンスがなければならぬ。士魂を養うためには、やはり『論語』が根底になると思う。加えてビジネスセンスも『論語』で養える。ビジネスももともと道徳を根底としており、不道徳なビジネスは単に小利口《こりこう》なだけで、真の才能ではない。ビジネスセンスは道徳抜きにはありえず、道徳の書たる『論語』によって養えるわけである。

孔子の学問を論じるためには、よくよく熟読しなれば上っ面だけの知識に流れてしまう。ゆえに世間に出て道を誤らないためには、まず『論語』を熟読せよと、私はいう。欧米諸国の新しい知識を研究するのも必要だが、東洋古来の古い学問にも捨てがたいものがあるのだ。

監訳者からのアドバイス

武士の魂というのは「義」のことです。渋沢栄一はつねに国力を高めることを念頭に置いていました。そのためには民間の力を高めることが不可欠で、民間は国と社会全体、さらには世の中全体を考えて事業に取り組むことが求められます。

一八七三（明治六）年、官僚を辞めて実業界に入ることになって、志をいかにもつべきかについて考えた。その際に『論語』を思い出したのである。

〇三 ビジネスの成功を導く教養の力

「論語は万人共通の実用的教訓」

ただ、その頃でも、ビジネスに学問は不要、むしろ学問はビジネスの邪魔になる、という時代だった。しかし私は『論語』の教訓に従ってビジネスを行ない、利益を出すことができると考えた。

お金を取り扱うことが、なぜ卑しいのか。お金をそのように考えていては、国が成り立たない。官位や爵位が高いということも、それほど尊いものではない。人間の勤しむべき尊い仕事は至るところにある。そして私は『論語』が最も欠点のない学問だと思ったから、この教訓をポリシーにして一生ビジネスに取り組もうと決心したのである。

それ以来、ずっと『論語』を講読しているが、ときには深い意味がわかっていない箇所が見つかる。しかし『論語』はけっして難しい学問ではない。その教えは、もともとわかりやすいものだった。それを学者が難しくしているだけだ。そのような学者はうるさい受付のようなもので、孔子には邪魔者である。孔子はけっして気難しい人ではなく、学のない人でも誰にでも会って教えてくれる。孔子の教えは実用的で実践的な教えなのである。

監訳者からのアドバイス

渋沢栄一がなぜ『論語』を勧めるのかというと、人間として当たり前のことを述べているだけで、なにか難しいことが書かれているからではありません。たとえば、お金を儲けることは卑しいことではない、ということもその一つです。

○四 できるかできないかよりもやりたいことを貫く

「大丈夫の試金石」

世の中では、水に波動のあるごとく、何が起こるかわからない。ただし順境と逆境には、それぞれ「人為的」「自然的」の二つがある。私も逆境のなかで生きてきた一人であるが、維新の頃のような社会の変革、政体の革新のごとき大波瀾は、相当の人物だとしても、順境、逆境に陥る。このように個々人の努力や能力ではいかんともしがたい変化を「自然的」順境・逆境という。

自然的逆境は偉大な人物の試金石である。とはいえそれに対する特別の秘訣《ひけつ》はない。ただ、その逆境が、自己の本分であると覚悟するのが唯一の策だろう。いいかえれば、「あきらめること」だ。足るを知って分《ぶ》を守り、いかに焦っても天命だから仕方がないと思えば、心は安らかになるに違いない。自然的逆境にある場合、天命に甘んじて、来たるべき運命を待ちつつ、たゆまず勉強することだ。

一方の人為的逆境に陥った場合、自分を省みて悪い点をあらためるよりほかはない。世の中の多くのことは、みずから招いたことで、自分からこうしたい、ああしたいと奮励すれば、大概は意のままになるものだ。しかし多くの人はみずから幸福になる運命を招こうとせず、かえってみずから逆境を招くようなことをしている。それでは順境に立ちたいと思ったところで、かなえられるはずがないではないか。

監訳者からのアドバイス

逆境にいるときにはできないことが多くなります。ただ多くの成功者の判断の軸はできる・できないではなく、やりたいか・やりたくないか、です。逆境にいるときにも志をもって実践していれば、やがてできるようになり、順境を招くのです。

〇五
己の分をわきまえて決断のタイミングを図る

「蟹穴《かにあな》主義が肝要」

古来、宗教家や道徳家など多くの賢者がさまざまなことを教えているけれども、それらは修身、すなわち身を修めるということに尽きるだろう。身を修めるといっても、たいそうなことではなく、箸《はし》の上げ下げの間の心がけにも気を配るということだ。

孔子は宮城に上がる際の立ち居振る舞いにも非常に気を配った。また祭事や客人のもてなし、衣服などに関しても、諄々《じゅんじゅん》と説いている。とくに食べ物に関しては、細かなこだわりをもっていた。このように、道徳や倫理は身近なところに込められるものなのだ。

箸の上げ下ろしの注意ができれば、次に心掛けるべきは、自分を知るということだ。世の中には、自分の力を過信してむちゃをする人もいる。進むことばかりで、分を守ることを知らないと、とんだ間違いをすることがある。

私は、蟹《かに》は甲羅に似せて穴を掘るという主義で、自分の分を守ることを心掛けている。孔子も「進むべきときは進み、止まるべきときは止まり、退くべきときは退く」といっておられる。実際、人は出処進退が大切である。といっても進取の気持ちを忘れてしまってはいけない。孔子は「心の欲するところに従っても一線を超えない」といっている。つまりみずからの分に応じて進んでいくことだ。

監訳者からのアドバイス

分を守るということは成長しないということではありません。より重要なのが、蟹は脱皮するということです。つまり脱皮して新しいステージに立つことが大切で、そのタイミングを計る必要があります。

〇六 気を緩ませずに道理を貫き通す

「得意時代と失意時代」

得意時代とは、ビジネスがうまくいっているとき、勢いが来ているとき、失意時代とはその逆だといえよう。およそ、人の災いはうまくいっているときに兆しを表す。そういうときは誰しも調子に乗りがちだから、災いはこの弱点につけ入ってくる。したがってこの点に注意し、うまくいっているからといって、気を緩めず、逆にうまくいかないときだからといって、落胆せず、心を込めて道を歩んでいくことを心掛けることが肝要である。

それと共に考えておくべきこととして、大事《だいじ》と小事《しょうじ》についてがある。うまくいっているときほど、物事をささいなことと考えて、侮る態度を取りがちだ。しかし、よいとき悪いときにかかわらず、つねに大事と小事について緻密に見分けないと、足をすくわれることになるのを忘れてはならない。小事かえって大事となり、大事が案外小事となる場合もある。その性質をよく考えて取り扱うべきだ。

私の場合、事にあたって、まずは道理にかなうかどうかを考える。次に国家社会のためになるか、そして自分のためになるかを考えて判断する。といってもじつのところ、世の中に大事小事の区別はない。そうした区別立ては、君子の道ではないと私は考える。ゆえにおよそ事にあたっては、同じ心構えでもって取り組むようにしたいものである。

監訳者からのアドバイス

大事と小事は確かに測り難いものです。とはいえ慎重になりすぎるのもよくなくて、乗っているときは攻めるべきです。そこでむやみに攻めるだけではなく、身を固めながら進めることが、気を緩めず、道理を通す、ということだと思います。

第二章

立志と学問——大きな志を立てる

〇一 老いてこそ、ますます希望をもって勉強する

「精神老衰の予防法」

以前、アメリカより交換教授として日本に来られたメービー博士は、このようなことを語られたことがある。「日本では上級の人も下層の人も、みんな勉強していることが著しく目に付く。怠けている人がとても少ない。しかもみな希望をもちつつ、愉快に勉強しているように見受けられる」。

一方で、「よいことばかりを申し上げては、へつらっていると思われるので」としつつ、日本人への批判もおっしゃっている。「とにかく事実よりは形式を重んじ過ぎるということが見られる。国民全体の傾向がそうなのだとすれば、これはよほど注意されたほうがいい」。これはもちろん一アメリカ人の感想であって、ささ

いなことではあるけれども、やはり小事と見ないほうがよかろう。

近頃は青年に関する意見が多い。国の将来のために、青年が大事だということは私も同意するが、自分の立場からすると、老年も大切だと思う。私は文明の老人でありたいと思っている。

そのためには、体が衰えるとしても、精神が衰弱しないようにしたい。精神を衰弱させないためには、学問によるほかはない。つねに学問を深め、時代についていけば、いつまでも精神に老衰ということはないと思う。

監訳者からのアドバイス

知識をたくさんもつことで不安になって動けなくなることがあります。ここで大事なのは「学ぶ」とは、何かを教わり、知識を増やすこと以上に、「正しく問うこと」だと思います。希望と好奇心をもって学べる人材がこれからも必要です。

〇二 物質的な富と精神的な行ない

「現在に働け」

私は維新後間もなく、大蔵省の役人となったが、この当時、日本には物質的・科学的教育はほとんどないといってもいいくらいだった。それからわずか三十～四十年の短い年月で、日本も外国に劣らないくらい物質文明が進歩した。

しかしその間に、大きな弊害が生じた。徳川三百年の間に教育された武士のなかには、高尚遠大な人格をもつ人も少なくなかったが、今日の人にはそれがない。富は積み重なっても、悲しいかな武士道とか仁義道徳というものがなくなってしまった。すなわち精神教育が衰えてしまったと思うのだ。

人格は維新前よりは退歩、いや退歩どころではない、消滅しないかどうか心配なくらいである。物質文明が進んだ結果、精神の進歩が阻害されたと思うのだ。

私はつねに精神の向上を、富の蓄積と共に進めることが必要であると信じている。人はこの点を踏まえて、強い信念をもたねばならない。

私は農家に生まれたから教育も低かったが、幸いにも漢学を修めていたので、一種の信念を得ることができた。

私は極楽も地獄も考えない。ただ現在において正しいことを行なったならば、人として立派なのだと信じている。

監訳者からのアドバイス

ここでいう「正しいこと」とは、自分のためだけに正しいことではなく、社会全体にとって正しいことだと思います。それを渋沢栄一は仁義や道義などと呼んでいます。現在に正しい働きをすることで、未来は変えられるのです。

〇三 大小事にかかわらず行動力を自発せよ

「自ら箸《はし》を取れ」

今の世の中には人が多い。どこでも人が余っているくらいだ。しかし、上司が安心して何かを任せられる人物は少ない。だから、どこでも善良な人物ならいくらでもほしがっている。もしその人に実力があり、優れた能力をもっていれば、世間が放ってはおかないはずだ。

そうしてお膳立《ぜんだ》てをして待っているのだが、ごちそうを食べるか否かは、箸《はし》を取る人しだいだ。ごちそうを食べさせてやるほど、先輩や世の中というものは暇ではない。

豊臣秀吉は低い身分からスタートし、最後は関白《かんぱく》にまで上り詰めた。しかし彼は信長に養ってもらったのではない。自分で箸を取って食べたのである。何かひと仕事成し遂げようとする者は、自分で箸を取らなければだめである。

誰が仕事を与えるにしても、経験のない者に初めから重い仕事を与えるものではない。秀吉にしても、信長の草履《ぞうり》取りの仕事から始めたのである。なるほど一角《ひとかど》の人物につまらない仕事ばかりさせておくのは、利益にならないが、その与えられた仕事に不平をもち、つまらないと軽蔑する者はこれまただめだ。小事を粗末にするような人物に重大事を成功させることはできない。これは上に立つ者も同じである。与えられた仕事に全力で取り組まない者は、運を開くことはできない。

監訳者からのアドバイス

初めて箸を見た人がいるとします。どうやって使うのか戸惑うと思います。みずから箸を取るためには、よきロールモデルが必要なのです。つまり、ゼロから全部やらせるのではなく、よきモデルがあって初めて、みずから行動していくのです。

一番初めの志は慎重に考える必要がある。まずは冷静、精細に自分の長所、短所を考え、最も得意とするところに向かって志を定めるのがよい。これが大立志《だいりっし》と呼ぶものである。

○四 自分の一生を超える大きな目標を定める

「大立志《だいりっし》と小立志《しょうりっし》との調和」

そうした志が定まったならば、今度はその枝葉となるべき小さな志について日々工夫することが必要だ。どんな人でも、そのときいる状況に応じてさまざまな希望を抱くだろうが、その希望をかなえたいというのが、私がいう小さな立志である。この小立志《しょうりっし》はつねに変化するものなので、大立志と矛盾するようなことが起こってはならない。

孔子の志を見てみると、「十有五にして学に志し、三十にして立ち、四十にして惑わず、五十にして天命を知る」とあることから推察するに、孔子は十五歳で志を立てたようだ。しかしまだこの頃は、幾分、志が動揺していたようで、三十歳になって世の中で立っていける自信が付き、四十歳に及んで立志が完成したようである。

立志は人生という建築物の柱で、小立志はその飾りであるから、最初にそれらの組み合わせをしっかり考えておかなければ、のちにせっかくの建築物が中途半端に壊れてしまうようなことにならないとも限らない。己をよく知り、身の程に応じて適切な方針を決定する以外にない。そうすれば間違いが起こるはずはないと信じる。

監訳者からのアドバイス

大立志とは目指している大きな山、小立志とはそこにたどり着くために歩んでいる道というイメージがあります。頂上に向かうのに、かならずしも一直線でなくてもよくて、最終的にたどりつけばいいのです。

いやしくも正しい道をあくまで進んでいこうとすれば、争いを避けることはできないものだ。絶対に争いを避けて世の中を渡ろうとすれば、善が悪に敗れるようなことになり、正義が行なわれないようになってしまう。私は、正しい道に立ってなお悪と争わず、これに道をゆずるほどに、いわゆる円満な不甲斐《ふがい》ない人間ではないつもりだ。

〇五

円いとかえって転びやすい 理をもって断固争う

「君子の争いたれ」

人間にはいかに円《まる》くても、どこかに角がなければならぬ。あまり円いとかえって転びやすいことになる。

私が信じてみずから正しいとするところは、いかなる場合においても、けっしてほかにゆずることをしない。ここが私がいわゆる円満でないところだと思う。人には老いたると若いとの別なく、これくらいの円満でないところがあってほしいものだ。そうでないと、人の一生もまったく生き甲斐のない無意味なものになってしまう。

人の品性は円満に発達せねばならぬものであるからといっても、あまりに円満すぎてもいけない。「過ぎたるはなお及ばざるがごとし」と孔子が説かれているとおりで、人としてまったく品位のない者になる。

といっても乱暴になることを勧めているわけではない。私は青年時代に武芸も相当に仕込まれて、体も鍛えていたが、チンピラの真似事をするようなことはけっしてしない。理をもって争うのである。

監訳者からのアドバイス

角が立ちすぎていても問題だと思いますが、少しは角が立っていないと安定しないということです。空気を読みすぎて八方美人的になるのではなく、自分が大事だと思うことに対して揺るがない意志をもっている人のほうが信頼を高めます。

〇六 学問を極めても起こる予想外に適応できる力

「社会と学問との関係」

学問と社会とはそれほど大きな違いのあるものではない。しかし実社会では、学問で見るようにすっきりいかないので、ともすれば迷いやすく、間違いを犯しがちになる。これらの点に注意して、広く目配りをし、大局を見失うことなく、みずからの立場を見定めなければならない。

参考までに、学問と社会との関係を考える例を挙げると、あたかも地図を見るときと実際に歩くときとのようなものだ。地図を開いて見れば、世界も一眼で見渡せる。一国一地方は近くにあるように見える。しかし詳細な地図をもってしても、実際と比較してみると、予想外のことが多い。それを深く考えず、わかった気になって実地に踏み出してみると、茫漠《ぼうばく》としておおいに迷う。

山は高く谷は深い。森林は連なり、川は広く流れている。道を進むと高い山に出会い、どれだけ登っても頂上に達しえない。あるいは深い谷に入って、途方に暮れる。至るところに困難な場所を発見する。もしこのとき、十分な信念がなく、大局を観る目がなければ、失望、または落胆して勇気が出なくなってしまう。この一例のように、とにかく社会の複雑であることを前もって十分に知っておき、いかに用意していても実際には意外なことが多いので、学問にあっても、つねにさらなる注意を払って取り組まなければならない。

監訳者からのアドバイス

経営者には現場感覚が必要だと思いますが、自分の事業環境と立ち位置を見定め、方向性を決断するための大局観も必要です。地図によって、全体像が見えます。つまり論語と算盤のように、それら両方が必要だということです。

〇七

先進国の地位に満足しない まだ創設の時代だ

「勇猛心の養成法」

活力が旺盛になって、心身が生き生きとしていれば、自然と大きな活動を生じる。大きな活動をなすにあたってその方法を誤れば、とんでもない過失を生み出す人になる。そこでふだんから注意して、いかにクリエイションすべきかを考えておかねばならぬ。アクティブに活動する力が正義の観念で鼓舞《こぶ》されると、非常に勢いを増すものであるが、その正義を断行する勇気は、身体の強さから生まれる。まずは身体を鍛えなければならない。

勇気を養うには、身体上の訓練と共に、精神的な訓練に注意しなければならない。古典の読書によって、勇者の言行を勉強して感化されるのもよい。または講演などを聞いて、深く体得する習慣を付け、一歩一歩向上してゆく。そうすれば勇気はおのずから生まれてくるだろう。ただ注意すべきことは、一時の感情におぼれて勇気を誤って用い、無茶な行動をとるようなことがあってはいけない。

わが国の今日の状況は、これまでの事業を生真面目に継承して十分だと思うべき時代ではない。まだイノベーションが必要な時代であって、さらに乗り越えていかねばならない。一大覚悟をもって、万難を排し、勇気をもって猛進すべきときである。それには心身の健全なる発達を促し、活力を高める心がけを忘れてはならぬ。

監訳者からのアドバイス

今の令和の時代にも通じる考えで、とても大事だと思います。現在は物質的にはバブルのピークの頃より豊かです。その反面、活力が失われています。さらに勇猛心を高めなければなりません。創設の時代というのは今のことなのです。

第三章

常識と習慣——健全な常識を身につける

〇一 強い意志と聡明な知恵、温かい情愛を均衡させる

「常識とは如何《いか》なるものか」

およそ人として社会を渡っていくに際し、常識はどの地位においても必要で、また、いずれの場合にも欠けてはならないものだ。ならば、常識とはどのようなものであろう。これを学問的に解釈すれば、「智《ち》、情《じょう》、意《い》」すなわち知恵と情愛と意志がそれぞれバランスを保って発達し、言動や挙動すべてに中庸《ちゅうよう》を保たせるものである。一般の人情に通じ、よく世間の習わしを理解し、ほどよく処置できる能力ともいえる。

知恵は物事を識別する能力だが、善悪や利害を識別する能力に欠けていれば、その人の学識がいかに高くても、宝のもち腐れに終わってしまう。知恵の弊害として、ややもすれば悪巧みにたけ、ごまかしを生み出

す場合がある。さらに自己本意で極端に走りがちだ。

そこで情愛をうまく塩梅《あんばい》しなければならない。情愛は一つの緩和剤で、人生のことすべてに円満な解決をもたらしてくれる。だが情愛の欠点は、感情に走りすぎることだ。これを抑制するものは、強固なる意志よりほかはない。意志は精神のなかで本源である。これがあれば、人生においては最も強みのある者になる。

強い意志をもち、その上で聡明な知恵を加え、これを調節するに情愛をもってする。この三者を適度に発達させていって、初めて完全な常識が得られるのである。

監訳者からのアドバイス

智情意の三要素は経営学者のジム・コリンズも同じようなことを指摘しており、東西と時代を超える普遍的なメッセージがあると思います。完《まった》きというのはなにか突出したものをもっていることではなく、それら三つがバランスよく働くことなのです。

〇二 個人が日々重ねる行ないは組織の習慣ともなりうる

「習慣の感染性と伝播力」

そもそも習慣は、人の何気ない日常での所作が重なって、一つの固有性となるものだ。それが自然と心にも行動にも影響を及ぼし、悪い習慣を多くもつ者は悪人となり、よい習慣を多くもつ者は善人になる。ついには人格にも関係してくるのである。

また習慣はただ一人の身に付いたものではなく、他人に感染するもので、ややもすれば人は他人の習慣を模倣したがる。よい習慣だけでなく、悪い習慣も同様なので、おおいに警戒しなければならない。ここから推察するに、一人の習慣は世界の習慣ともなりかねない勢いである。

とくに習慣は、若い時代が大切であろうと思う。記憶のほうでも、若い頃に記憶したことは、高齢になっても明確に残っている。したがって、習慣も若い頃が最も大切だ。この時期によい習慣を付け、個性になるようにしたいものである。私の経験によれば、高齢になっても習慣は重視しなければならない。若い頃のよくない習慣も、年をとった今に努力すれば、あらためられるからだ。

とにかく習慣は自然とできあがってくるものだ。それゆえに、なにか大事件が起こると変えることができる。なぜかというに、日常で習慣はささいなことと軽く見られるからだ。老若男女問わず、意識してよい習慣を養うようにしなければならない。

監訳者からのアドバイス

なんとなくやっていても、じつは必要のないことが多いものです。しかし習慣を変えるにはかなりのエネルギーを必要とします。イノベーションに対する大きな抵抗勢力となるのは、この習慣・慣習だと思います。

〇三 とがった才能より バランス感覚が求められる

「偉き人と完《まった》き人」

古典などに見えるところの英雄豪傑《ごうけつ》には、とかく智情意のバランスを欠いた人物が多いようだ。すなわち意志が強いけれども、知恵が足りないとか、意志と知恵はそろっているが、情愛に乏しいとかだ。これらの人物はいかに英雄豪傑でも、常識的な人とはいえない。なるほど、一面から見れば非常に偉い点がある。しかし偉い人と完き人とはおおいに違う。完《まった》き人とは、智情意が円満に備わった者、すなわち常識の人だ。

私はもちろん、偉い人が多く出てくることを望んでいるけれども、社会全体に対する希望としては、むしろ完き人が社会にあふれることを望んでいる。偉い人の使い道は無限とはいえないが、完き人ならいくらでも必要な世の中なのだ。

若い頃ほど、考えが定まらず、突飛な行動を取りがちな時代は少なかろう。若い人に、この平凡な常識を身に付けよというと、反発されるに違いない。先程の意味で、一芸に優れた偉い人になれといわれれば、喜んでこれに賛成するはずだ。

しかしながら、政治が理想的に機能するのも国民の常識にかかっている。社会の現実を見てみるに、政治でも実業でも、深奥なる学識よりは、むしろ健全なる常識を備えた人によって支配されている。常識は偉大だ。

監訳者からのアドバイス

組織や社会が円滑に回るためには、スペシャリストばかりではよくなくて、総合的に考えられるジェネラリストが必要です。同時に、常識人ばかりでもいわば「円《まろ》き人」ばかりになるので、角の立った人もいることが必要だと思います。

〇四

内面の良心や志よりも外面的な側面で判断される

「親切らしき不親切」

人の行為の善悪は、その志と行為とを併せて判断しなければならないだろう。志において、あくまで人のためにと思っていても、その行為が人の害になるようでは善行とはいえない。昔の話に、雛《ひな》が孵化《ふか》しようとして卵の殻から離れられずに困っているのを見て、親切な子どもが殻をむいてやったところ、死んでしまった、という話がある。また孟子の話で、苗を成長させたい一心で引き抜いてしまった例がある。苗を成長させたいというその志は誠に善だが、これを抜くという行為が悪い。この意味から考えるに、志がいかに善良で思いやりにあふれていても、行為がそれに伴わなければ、世間の信用を得られないわけだ。

志は善であっても、出来心でふと志と異なることをすることがしばしばある。だからその本心をよく保ち、不動心術の修養が大切だ。

逆にいえば、志が多少曲がっていても、その行為が機敏で忠実で、人の信用を得るものがあれば、その人は成功する。実社会でも、心の善悪よりは行為の善悪に重きをおく。行為の善なるものが信用されやすいのが現実だ。良心に忠実で真面目な人が罰せられたり、降格させられたりして、天の道理を嘆くのに引きかえ、悪賢い、評判のよい人が比較的成功し、信用される場合がある。志よりは行為のほうが人の目に付きやすいからだ。

監訳者からのアドバイス

渋沢栄一は倫理的資本主義を主張したといわれますが、つねに正しいことをしましょうとだけ唱えていた原理主義者ではありません。社会はそんな簡単なものではない、という寛容な合理性を理解するリアリストだったのです。

○五 立場をわきまえて社会の役に立つ

「何をか真才真智《しんさいしんち》という」

およそ人の世に立つについて最も重要なことは、知恵を増やしていくことだ。すべて一個人としての発達、または国家の公益を増していくにも、知恵がなければ進んでいくことはできない。しかし、それ以上に人は人格というものを養っていかなければならない。

果たして人格と常識がかならず一致するのだろうか。公的にもプライベートにも、人が役に立つために必要な真の才能、真の知識というのは、多くは常識の発達にあるといっても間違いはないと思う。

ではその常識の発達について、第一に必要なことは「自身の境遇によく注意をしなければならない」ということになろうかと思う。『論語』

にも自身の地位・立場についてよく注意をすることを教えた例が数多く見られる。

誠に自身の境遇・地位をよく知って適切に活用するのが、孔子の大聖人となりうる唯一の修養法だったように見える。孔子のような人であっても、場合によってはささいなことにも注意を怠らない。

みんながみんな孔子のような大聖人になるということは不可能かもしれないが、自分の立場を間違えないだけのことができるならば、少なくとも凡人以上になることができる。調子がいいからといって傲慢になり、うまく行かないからといって悲しむのが、凡庸人《ぼんようじん》の常である。

監訳者からのアドバイス

経営者であっても社会で与えられた役割や立場があり、自分ができることを全力で行ない、そのポストにふさわしい振る舞いを取る必要があります。渋沢栄一はここで、みずからの立場を俯瞰して眺めることを求めている気がします。

〇六 学んで行動する日常に努める

「人生は努力にあり」

すべて人は、老い若いにかかわらず、勉強する心を失ってしまえば、とうてい進歩発達するものではない。私は七十四歳の老境に入っても、なお仕事や勉学を怠ることはない。若い人にはおおいに勉強してもらわねばならぬ。怠惰はどこまでも怠惰に終わるものであって、そこからいい結果が生まれることは断じてない。人は、よい勤務努力の習慣をつくらなければならない。

世間では、情報を増やし、時勢を理解しなければならないという。確かにこれは必要なことで、そのためには、学問を修める必要がある。とはいうものの、情報が十分であっても、これを働かさなければ何の役にも立たない。読書のみを学問と思ってはならない。すなわち勉強してこれを実践することであって、勉強が伴わないと知識もなんの効果ももたらさない。各自ただ一人のためではなく、社会のために、勉強の心掛けが大切である。

世の中で成功するための要素として、知識・学問が必要なのはもちろんだが、それだけでただちに成功できると思うのは、大きな誤解だ。

要するに、ことは日常生活にある。ゆえに私はすべての人に、普段から勉強を望むのだ。同時に、普段からいろんなことに対する注意を怠らないように心掛けることを強調したい。

監訳者からのアドバイス

勉強というのは、教科書的に学習するだけではなく、さまざまな立場の人に会うことや、積極的に情報を取りに行く姿勢などが大切です。さらに勉強の成果を社会のためにどう使うか日常的に考えることの大切さが強調されています。

第四章

仁義と富貴——利益だけを目指すな

〇一 欲望と仁義が相伴って永続する富が生まれる

「真正の利殖法」

世の中の商売・工業は利益を求めるものだ。その利益を求めるにも、もし自分たちさえよければほかはどうでもよいという考えでいけば、その事業はどうなるだろうか。そのような考えでは、社会が混乱し、国が滅びてしまう。

本当の利益は仁義道徳に基づかなければ、けっして永続するものではないと私は考える。そういうと無欲の奉仕を強調する者もいる。ただ、机上の空論になった仁義は、国の元気を減らし、生産力を弱らせ、ついには滅亡させる。

利益を求めるということと、仁義道徳という道理を重んずることの二つをうまく並び立てることによって初めて、国家は健全に発展し、個々人もみなふさわしい立場を得て、真実の富が蓄積されていくのである。私がつねに望んでいるのは、人は、利益を求める欲望をつねにもたねばならないということだ。しかしその欲望は、道理に従って発揮させるようにしたい。この道理というのは、仁義と徳が調和するものである。

道理と欲望が共に手を取り合っていかなければ、この道理も、先に述べたように、空理空論に走って、国を衰退させる。また欲望も、道理に基づかなければ、奪い尽くすまで止まらない、という不幸を見るに至るであろう。

監訳者からのアドバイス

『論語と算盤』には、欲望は悪だからなくすべきだという教えはありません。欲望が道理に基づくのであれば、社会全体の富を増やすことにつながります。アダム・スミスがいった、市場に働く「神の見えざる手」も道徳が土台になっています。

〇二 お金の効力は絶大 それゆえに道徳が必要

「効力の有無はその人にあり」

ことわざに「銭ほど阿弥陀《あみだ》は光る」というのがある。お賽銭《さいせん》が多いほど、光るということだ。また「地獄の沙汰も金しだい」というに至っては、皮肉のニュアンスがないでもないが、とにかく、金には大きな力があることは否定できない。

しかしながら金はもとより無心である。金それ自身に善悪を判断する力はない。善人がこれをもてばよくなる。悪人がこれをもてば悪くなる。つまりもつ者の人格いかんによって、善ともなり悪ともなる。

それにもかかわらず世間の人々は、この金を悪用したがるものだ。昔の人もこれを戒めて、「君子に財産が多ければ徳を損ない、卑しい人に財産が多ければ過ちを増やす」などといっている。ただし、これはけっして、金を軽視してよいという意味ではない。

いやしくも世の中ですばらしい人になろうとするには、まず金に対する覚悟がなくてはならぬ。社会における金の効力をどのように見るべきか、慎重な考慮が必要だ。思うに、あまりこれを重んじすぎるのも誤りなら、軽んじすぎるのもよろしくない。孔子も、「国に道義があるのに、貧しくかつ卑しいのは恥だ、国に道義がなくて富みかつ尊いのは恥だ」といって、けっして貧乏を奨励してはいない。ただ「道理に基づいていなければ、これを得ても安定しない」ということだ。

監訳者からのアドバイス

「お金は無心だ」とありますが、現代ではよく「お金に色は付いていない」といわれます。これは逆にいうと、使う人によって色を付けることができるということで、投資なり寄付なり、よい使い方をすれば、お金にきれいな色付けができるのです。

〇三 富みながら仁義を行なう

「義理合一の信念を確立せよ」

私の持論としてしばしばいうことだが、経済活動と仁義道徳の結合がきわめて不十分であったために、「仁をなせばすなわち富まず、富めばすなわち仁ならず」というように、仁と富とをまったく別物に解釈してしまったのは、とても具合が悪い。この解釈の極端な結果は、経済活動に身を投じた者は、仁義道徳を顧みる責任はないというようなことまで考えさせた。

このような考えは、昔の儒学研究者によって捏造《ねつぞう》された妄想にほかならない。儒学者たちの間違って伝えた説により、仁義道徳は仙人じみた人がやっていればよく、経済活動に身を投じる者は仁義道徳を抜きにしてもいいという考えに至るのだ。

その結果、経済活動に従事するほとんどの実業家の精神を利己主義にし、甚《はなは》だしきは法の目をかい潜《くぐ》ってまで金儲けに専念するようにさせてしまった。実際、今日の実業家の多くは、もし社会的・法律的な制裁がなかったとすれば、強奪すらしかねない状態に陥っている。

孔子・孟子の書物を読めば、彼らの教えが「義理合一」であることなら、すぐにわかるはずだ。富みながらも仁義を行ないうる例はたくさんある。義理合一に対する疑念は、ただちに根本から一掃しなければいけない。

監訳者からのアドバイス

経済活動は社会を豊かにする大切なことなのだ、と気づいてほしい、というメッセージです。資本主義は手段でありそれをよくすることも悪くすることもできます。現代ではステークホルダーを重視する資本主義が評価されています。

○四 来る者拒まず人に会うことは社会奉仕

「富豪と徳義上の義務」

私はこの年になっても、国家社会のために一日中駆け回っている。自宅へもいろんな方がさまざまなことをいいに来るが、かならずしもいい話ばかりではない。しかし私は面会を求める人すべてに会っている。

世の中は広いから、ずいぶん賢い人や偉い人もいる。それをそうではない人が来るからといって、一様に断ってしまうようでは、賢い人たちに対して礼を失するのみならず、社会に対する義務を遂行していないことになる。だから私は、どなたに対してもちゃんとした誠意と礼儀とをもってお目にかかる。もし無理なお願いをされたら断るし、できることは尽くしてあげるようにする。

お金持ちや名士だとかいわれる人たちには、来客を嫌うことが甚だしいようだけれども、そのように面倒くさがって引っ込んでいては、国家社会に対して徳義上の義務を尽くしていないと思う。お金持ちといえども自分一人で儲かったわけではない。いわば社会から儲けさせてもらったようなものだ。

だから自分がそのようなお金持ちになれたのも、一つは社会の恩だということを自覚し、寄付だとか社会事業だとかいうものを率先して尽くすようにすれば、社会はますますよくなる。それと同時に自分の資産運用もますます調子がよくなるというわけだ。

監訳者からのアドバイス

現代では、富豪に限らず、誰もが自分ができる範囲で社会的な責任を果たすことが重要です。それは初めは奉仕かもしれませんが、やがてよい運を呼び込むことにつながるのだと思います。

〇五 よく稼ぎ、よく使って富の循環を促す

「よく集めよく散ぜよ」

お金は世界に通用する貨幣であって、たくさんの商品の代わりになるものだ。お金が便利なのは、あらゆるものに代えられるからだ。

お金は大切に思わなければならない。これは単に青年にのみ望むのではない。老若男女すべての人の尊ぶべきものである。お金はモノの代わりであるから、モノと同じように尊ばなければならない。一枚の紙切れ、一粒の米であっても、けっして粗末にしてはならないように。

しかし必要とする場合によく消費することもよいことだ。よく集めてよく使えば、社会が活発になり経済の進歩を促す。

本当に資産運用にたけている人は、よく稼ぎ、よく使わなければならない。よく使うというのは、正当に支出するということ、すなわちよい方向に使うことである。

じつにお金は尊ぶべく、また卑しむべし。お金を尊いものにするのは、ひとえにもっている人の人格による。しかし、この尊ぶということを曲解して、ただむやみにお金を惜しむ人がいる。じつに注意しなければならないことだ。お金をむやみに使うことはダメであるのと同じく、ケチすることにも注意すべき。若者は濫費者にならないように努力すると同時に、ケチにならないように注意しなければならないのである。

監訳者からのアドバイス

日本は長期にわたってデフレに悩んでいて、預貯金は一千兆円もあるというのに、お金が社会で循環していないのです。その原因にはお金をきれいに使う、よきロールモデルが少なかったのかもしれません。

第五章

理想と迷信――主義を通しても心は新たに

一 変化が読めない時代こそ信に基づく商業道徳が必要

「道理ある希望を持て」

これから先の実業界はどうなるだろうか。想定外の変化が生じるだろうから、現時点で予測することはできない。しかし人は未来のことに向かって、理想をもつべきだ。たとえ望んでいたことと違う結果になるとしても、一定の主義によって、行動していかなければならない。よくよく考えてことに当たれば、過ちはかならず少ないものになる。

現在起こっている戦争（第一次世界大戦）のような事件が起こっていれば、かつて想定していたものと異なることが起こる。およそ人の世を渡っていくには、相当の趣味と理想とをもって、道理から割り出して進むのが必要であると思う。

その間に最も重要なのは「信《しん》」である。この信の一字を守ることができなかったならば、実業界の基礎が強固だということはできない。これからはますます実業界の責任が重くなると思う。それについて各事業がどうなるかを予想し、そこから適切な道理を見出して活動するようにしていきたい。

とくにこのような大戦に際して、守らなければならないことは、商業道徳である。つまり信の一字だ。これを経営者が健全に行なっていれば、私は日本の実業界の富はさらに増大して、同時に人格もおおいに進歩するだろうと思う。

監訳者からのアドバイス

信とは信用であり信頼です。渋沢栄一は信とは資本であると述べています。信があれば、会社の将来に希望をもてます。経営者が将来に希望をもっていれば、従業員や取引先も会社に希望をもち、一緒に価値をつくっていくパートナーになります。

〇二 趣味をもって事業に取り組む

「この熱誠を要す」

いかなる仕事に対しても、趣味をもたなければならないという。人が職務を果たすにもこの趣味をもつということを深く望んでいる。趣味という言葉は、理想とも、欲望とも、あるいは好み楽しむというような意味にも聞こえる。ここから解釈するに、単にその職分を務めていくというのは、決まりどおりに、ただ命令に従ってこなしていくということだ。しかし趣味をもってあたるというのは、自分の心から、この仕事はこうしてみたい、こうしたならば、こうなるだろうというように、いろいろな理想や欲望をそこに加えて行なうことだ。それが初めて趣味をもつということになると私は理解する。

趣味のある行動で仕事にあたれば、かならずその仕事について精神が込もる。決まりどおりの仕事に従うのならば、生命のあるものではなくて、ただ形があるだけのものとなる。事業を進めるにもただ務めるだけではなく、趣味をもたなければならない。そうでないなら精神がなくなってしまう。

孔子の言葉に「これをよく知る者は、これを好む者に及ばない。これを好む者はこれを楽しむ者に及ばない」とある。これは趣味の極致と考える。自分の職務に対しては、かならずこの熱い真心がなければならないのである。

監訳者からのアドバイス

ここでいう趣味というのは、一時的な享楽ではなく、将来に対するワクワク感をもっているということです。そういった前向きな希望があると仕事で壁にあたっても継続しようとするし、取引先から見ても魅力的に見えるものです。

人はこの世に生まれた以上、何らかの目的がなくてはやりきれない。その目的とは果たして何であろう。次のように考える人があるだろう。

みずからの得意とする手腕や技量を十分に発揮して組織に忠孝をなし、あるいは社会を助けようと心掛ける人だ。各自の能力すべてを傾けて、心を込める。この場合、それらの人々は自分のためというよりは、むしろ組織や社会のためという考えがまさっている。すなわち組織や社会を主、自分を客と心得ている。これを客観的人生観と名付ける。

これとまったく反対に、ただ自分一人のことだけを考え、社会や他人のことなぞ考えない人もいるだろう。自分は自分のために生まれたもの

〇三 自分の利益よりも組織や社会の利益を優先

「人生観の両面」

だ。他人のためや社会のために、みずからを犠牲にすることはないのではないか。自分のために生まれた自分なら、できるかぎり自分の利益になるようにばかりしていく。これを、自分を主、他人や社会を客と心得ているので主観的人生感という。

私はこれら二つのうち、前者、すなわち客観的人生観を取り、後者・主観的人生観を捨てる。孔子の教えにも、自分が立たんと欲すればまずは人を立て、自分が達しようと欲すればまず人を達せさせる、という。これが孔子の処世上の覚悟であるが、私もまた人生の意義はこうあるべきはずだと思う。

監訳者からのアドバイス

自分だけのことを考えていることには限界があるということです。人は一人だけでは何もできません。より多くの人たちが一つの方向に向かって関与することで、大きなことを成し遂げるわけで、そこで初めて1プラス1が2以上になるのです。

〇四

形式に捕らわれず日々チャレンジを続ける

「日新なるを要す」

社会は年を追うごとに進歩しているように見える。社会が日進月歩することは間違いないが、あまりに長くたつと、その間に長所が短所になり、よいところが害をなすことは免れない。とくに習慣や風習が長く続くと、元気がなくなる。

中国の古い銘に「まことに日に新たなり、日に日に新たにして、また日に新たなり」とある。何でもないことだが、日々新しくなって、さらに日に新しくなるのは、おもしろいことだ。すべて形式に流れると精神が乏しくなる。何でも、日々新しくの心掛けが肝心である。

政治における今日の遅れは、規則・手続きなどがこまごまして煩《わずら》わしすぎるからである。官僚は事柄の真相を探らず、形式的に自分に当てがわれた仕事を機械的に処分することで満足している。

いや官僚だけではない。民間の会社や銀行にも、この風が吹き荒んできつつあるように思う。

一般に新興国の元気にあふれているところでは、形式的に流れることは少ないもので、長い間、風習が続いた古い国に多いものだ。中国には「六国《りっこく》を滅ぼすのは六国である。秦《しん》ではない」という言葉がある。幕府を滅ぼしたのは幕府のほかはなかった。強い木であればどんな風が吹いても倒れない。

監訳者からのアドバイス

私は三つの言葉を排除すれば、日本の組織はすごくよくなると考えています。その三つとは「前例がない」「組織に通らない」「誰が責任を取るんだ」です。形式は必要ですがそれに捕らわれなければ、新しいクリエイションが起こります。

〇五 設備・制度とマンパワーの充実を図る

「真正なる文明」

文明と野蛮という考えは相対的であるが、たとえばイギリス・フランス・ドイツ・アメリカといった国々は今の世界の文明国といって差し支えないであろう。その文明とは何かというに、国体が明確になっていること。そして制度が確立し、設備、諸法律も完備し、教育制度も行き届いていることだ。

このようなもろもろが整っているからといっても、まだ文明国とはいえない。国を維持し活動すべき実力がないといけない。実力ということについては兵力にも触れざるをえないが、警察制度や地方自治団体も、皆その力の一部だ。これらのものが完備され、おのおのよくバランスが取れて、調和しているのが文明といえるだろう。

いい換えれば、一国の設備がよく整っていても、これを処理する人の知識や能力が伴っていないと、真の文明国とはいえない。

こう見てくると、真の文明には強い力と豊かさを兼ね備えていなければならない。諸設備の充実のためには、この豊かさから使っていかなければならないことはやむをえないだろう。内政にも外交にも国費を支出しなければならない。これが激しく偏ると、文明は貧弱にならないともかぎらない。この両者をうまくバランスを取っていかなければならないのである。

監訳者からのアドバイス

整備されたプラットフォームだけではなくて、そこで活動している人が大切だということです。生まれや育ちにかかわらず、そのプラットフォームを使って自分自身と社会の向上に関与できるというのが真の文明国なのです。

〇六 規制ではなく精神改革で国の富をさらに増大させる

「廓清《かくせい》の急務なる所以《ゆえん》」

維新の大改革で、商人にとってはまさに新天地が開かれた。そこで自分の富を増やそうとする人が続々と出てくる。にわかに財産ができる。幸運で巨万の富を得た者もいる。それが刺激となり誘惑となって、誰でもそういうことを狙うようになる。こうして豊かな人はますます豊かになる。貧しい者も富を狙おうとする。

仁義道徳は旧世紀の遺物として顧みない。ほとんどその何者たるかを知らない。腐敗し、混乱に陥る。いきおい、改革を叫ばなければならないことにもなるのだ。

では、どのようにして改革していくか。これがなかなか難しい。昔にかえって、政治のみが道義を重んじ、民間の経済活動をなるべく規制していったならば、その弊害を減らすことができるかもしれないが、それでは国の富の蓄積が止まってしまう。

そこであくまで富を蓄積し、経済活動を守りつつ、汚職の伴わない神聖な富をつくろうとするならば、どうしても一つの主義をもたなければならない。それがすなわち、私がつねにいっている仁義道徳である。第一の根本となる道義は、かならず経済と一致する。そうして富をつくりだす手段としては、第一に公益を図り、人に害を与えるとか人を欺くとか偽るというようなことのないようにしなければならない。

監訳者からのアドバイス

「廓清《かくせい》」とは悪い細胞を取りのぞくということです。安全安心を求めるのは当然ですが、自分たちでやれる当たり前のことをなんでも政府に託してしまうと、民がみずからの手足を縛ってしまい、活力を削いでしまうことにもなりかねません。

第六章

人格と修養——精神の修養に日々努める

〇一 名声と富だけでは人の評価はできない

「人格の標準は如何《いかん》」

人が万物の霊長であるということは、皆が信じるところだ。等しく霊長であるのなら、人の間に差異は生じないはずだが、われわれの交際する人には、上は王侯貴人から下は匹夫匹婦《ひっぷひっぷ》までおり、差異が甚《はなは》だしい。

人が生まれながらにこのような差をもつとすれば、その価値を定めるのは容易ではない。まして明確な標準を定めるのはどれほど難しいだろうか。

それ以前に、「いかなる者を人というか」を定めなければならないと思う。かつてある国の王が、人類天然の言語を知ろうとして、幼子に人間の言語を聞かせず育てたところ、成長した子は人間らしい言語を発することができなかったという。これが事実かは定かでないが、人間と動物の差異が極めてわずかだということがよくわかる話である。人の形をしているというだけで人だとはいえない。徳を修め、智を啓《ひら》き、世間に貢献しようと思うに至って、初めて真の人と認められる。

歴史上の人々のなかには、価値ある生活を送った人は多いだろう。無道の殷《いん》王を誅《ちゅう》して徳政を敷いた文武両王などは功名も富も得た人といえる。しかし、彼らと並び称される孔子を比べてみるとどうだろう。彼は小国すら有することはなかったが、その徳は文武に劣らないし、名も高い。その人の行ないをよく視て、その理由を観て、世道人心にどのような効果があるかを察しなければ、人を評定することはできないのだ。

監訳者からのアドバイス

成功者といわれている人、富を得た人、そういった「外見」だけでは人の価値をはかることはできないということです。大企業の経営トップがかならずしも人格者とは限りません。零細企業の経営者が社員をハッピーにしているかもしれません。

〇二 道理に従い継続しなければ完全な元気とはいえない

「誤解されやすき元気」

元気がどのようなものかということを、具体的に説くことは難しい。中国文学でいえば、孟子のいう「浩然之気《こうぜんのき》」に当たるだろう。孟子は浩然之気について、「その気たるや、至大至剛《しだいしごう》、直をもって養ひて害なし、すなわち天地の間に塞《ふさ》がる」といっている。この「至大至剛、直をもって養ふ」という言葉がおもしろい。世間では、酩酊《めいてい》して大声を出すような場合も、彼は元気がよいということがある。しかし、警察に捕まったら恐れ入るような元気は、けっして誇るべきものではない。自分が間違っていても強情を張り通すような人を元気がよいと思ったら大間違いである。また、気位が高いことも元気という。福沢先生が唱えていた独立自尊、この自尊もある場合には元気といえよう。しかし、自尊というのは誤解すると悪徳となる。道を通りかかって、「自尊だから俺は逃げない」といって自動車に突き当たっては、とんだ間違いだ。

元気というものは、孟子のいうように至って大きく、至って強いもの。同時に道理正しく至誠《しせい》をもって養い、それが継続するもののことだ。すると、「すなわち天地の間に塞がる」ことになる。この元気を完全に養ったのならば、今の学生は軟弱だなどといわれることを気にする必要はなくなるだろう。老人も同じではあるが、とくに重い任務を負う現在の青年は、元気を完全に蓄えることに努めなければならない。

監訳者からのアドバイス

元気があるのはもちろんいいことです。しかしリーダーとしては元気なだけでは不十分でしょう。自分の進む方向が正しいかを意識しなければなりません。無鉄砲な人についていったら大変なことになってしまいます。

○三 知ることが修養ではない 理論と実際の調和

「修養は理論ではない」

修養には際限がない。ただし、このとき注意しなければならないのが、空理空論に走ってしまわないことだ。修養は現実と密接な関係を保って進めなければならない。この「現実と学問の調和」について、述べておきたいと思う。一言でいえば、理論と現実は一緒に発達しなければ、国家の真の発展にはつながらないのだ。このことに対する証拠はたくさんある。中国の学問で例を見てみよう。

儒教は中国では実学として尊重されており、とくに宋《そう》王朝末期に発展した。ところが、この頃の宋は、政治は乱れ、兵力も弱く、少しもこの学問を生かせなかったのだ。

一方、日本ではこの宋王朝時代の儒学を利用し、実用的な成果をあげている。徳川家康だ。国内が乱れ、誰もが武力を使うことばかり考えていた戦国時代、家康は学者を使い、学問を現実に生かす努力を重ねた。徳川幕府が三百年続く基礎を築いたのは、その結果だと思う。しかし、江戸中期になると、しだいに理論に傾いていった。徳川幕府の衰退も、両者の調和が失われた結果だろう。今日でも、両者の調和や不調和が物事の盛衰を示していることは、世界の二流国や三流国を見れば明らかだ。

では、日本はどうかというと、十分に調和しているとはいえない。修養に励もうという人は、このことを心にとどめておいてほしい。修養とは精神面の鍛錬に力を入れつつ、知識や見識を磨いていくことなのだ。

監訳者からのアドバイス

修養とは人間力を高めるといった意味の言葉です。人材が育つためには、形式を論じるだけではなく、本質を考えて勉強する熱量が必要です。熱量をもった人が集まれば、それが伝染し広まっていくことが期待できると思います。

〇四

心掛けが決まっていれば惑わされることはない

「平生《へいぜい》の心掛けが大切」

世の中には思いのままにならないことが多い。形の上に表れている物事ばかりではなく、心に属することでも、ままそういうことがある。たとえば、一度堅く決心したことでも、ふとしたことからにわかに変わってしまう。人から勧められてその気になるといったようなこともある。それが悪意の誘惑でないにしても、意志の弱さというしかないだろう。意志の鍛錬ができていないのだ。とかく平生《へいぜい》の心掛けが大切である。平素から「こうせねばならぬ」とか、心掛けが決まっていたならば、他人の巧妙な言葉に乗せられるようなことはないわけだ。平時から心掛けを練っておき、有事にはそれを順序よく進めるのが肝要である。

そうはいっても、人心には変化が生じやすいものだ。意志の鍛錬が足らないからだが、精神修養をずいぶん積み重ねた者でも、惑わされることがまったくないとはいえない。まして社会経験の少ない青年時代は注意を怠ってはならない。事に当たって、主義主張を変化させねばならないのであれば、再三再四熟慮してほしい。慎重な態度で深く考えていけば、心眼が開くこともあり、己の本心に立ち帰ることができる。自省熟考を怠るのは、意志鍛錬の大敵である。

ささいなことと侮っていたことが原因となって、総崩れとなるような結果を生み出すものである。よく考えて行動しなくてはならない。

監訳者からのアドバイス

平生から何が正しくて何が正しくないのかという、自分の軸をもっておく必要があると渋沢栄一は考えていたのでしょう。そうすれば、思いどおりにならないことがあっても、ポキッと折れてしまうことはありません。

○五 喜怒哀楽愛悪欲、七情の発動を磨く

「誤解されたる修養説を駁《ばく》す」

修養ということについて、私はある人から攻撃を受けたことがある。その説は、だいたい二つに分かれていた。一つは修養は人の天真爛漫《てんしんらんまん》を傷つけるからよくないというもので、もう一つは修養は人を卑屈にするというものだった。これに対し答えたことを述べてみる。

まず修養が人の性の発達を阻害するというのは、修養と修飾を取り違えているのではないかと思う。修養とは身を修め徳を養うことで、練習も研究も克己《こっき》も忍耐もすべて意味するものであり、人が聖人や君子に近づくよう努めることだ。もし修養により天真爛漫が傷つくのであれば、その修養は、われわれのいう修養ではないと思う。天真爛漫がよいという

のは私も賛成するが、七情《しちじょう》、つまり喜怒哀楽愛悪欲がいかなるときも問題ないとはいえない。聖人君子は湧いた感情に節度を守っているのだ。

修養が人を卑屈にするというのは、礼節などを無視する妄説だと思う。仁義道徳は日常の修養から得られるもので、愚昧《ぐまい》卑屈でその域に達するものではない。修養とは土人形をつくるものではない。修養を積むほど善悪の判断が明瞭になり、迷わず決裁を行なえるようになるのである。

修養というのは広い意味をもつ言葉であり、精神も身体も行状も向上するように錬磨することである。そして休むことなく続けていけば、いずれは聖人の域にも達することができるのである。

監訳者からのアドバイス

修養とは人を磨くことです。磨くためには摩擦が必要ですが、摩擦は人の間で生じます。一人だけで勉強して知識をつけたところで磨かれることはありません。渋沢栄一のいう土人形を磨いたところで、輝きはおろかボロボロになるだけでしょう。

〇六

忠信孝悌の道を重んじ社会と共に歩む

「権威ある人格養成法」

現代青年に必要性を感じるのは、人格の修養である。維新以前は、道徳的な教育が比較的さかんな状態であったが、西洋文化が流入するにつれて思想界に少なくない変革が生じ、今日では道徳が混沌としている。

社会の現象を見てほしい。人は極端な利己主義に走り、利益のためであれば何事も耐え忍ぶといった傾向をもち始めている。昨今では国を豊かにするよりも、自分を豊かにしようとするほうに重きを置こうとするほどだ。ただ自分だけが豊かになればよいと、国家社会を眼中に置かないというのは憂えるべきことである。社会人心がそういうふうになったのは、人格の修養が欠けているからである。

さて、人格の修養にはいろいろな方法や工夫があるだろう。仏教やキリスト教に信念を得るのも一つの方法だが、私は青年時代から儒教に志し、孔子や孟子の教えを貫いているから、彼らの唱えた忠信孝悌《ちゅうしんこうてい》（誠意をもって目上の人に仕えること）が権威ある人格修養法だと信じる。

人生の目標といえる成功に対しては、多種多様なことを論じる人がいるが、何をしてでも富と地位を得られさえすれば、それが成功だと考えている人もいる。そのような説にはけっして同意できない。高尚な人格をもって正義道徳を行ない、そののちに得た富と地位でなければ、完全な成功とはいえないのである。

監訳者からのアドバイス

『論語』が問題にしているのは手段を選ばず富を目指すことだけで、道理のある行ないで利益を上げることは問題にしていない、といいたいのでしょう。社会と共に歩む姿勢で事業を行なっていく、というのが渋沢栄一の一貫した考え方です。

第七章

算盤と権利——豊かさを求め人は努力する

〇一 尊敬できる師であっても道理をゆずることはない

「仁に当たっては師に譲らず」

世の人には、「論語主義は権利思想が欠けている。権利思想がなければ文明国の教えとするには足りない」と論ずる者もいるようだ。確かに、孔子の教えを表面から観察したなら、権利思想に欠けているように見えるのかもしれない。しかしながら、このようなことをいう人は、真の孔子の教えを理解した者ではないと思う。

論語主義はおのれを律するものであって、人はこのようにあるべき、このようにありたいというように、消極的に人道を説いたものである。孔子には、政権を握ったならば、善政を敷いて国を富ませ、民を安んじ、王道を広める意志があっただろう。いい換えれば、経世家だったのである。そうして世に立つ間に、門人からいろいろなことを問われ、それについて答えた。この問答を集めたものが、『論語』となったのである。他人を導く宗教家として世に立ったわけではないから、権利思想が画然としていないのも、やむをえないのだ。

しかし、論語にも権利思想が含まれていることは、「仁に当たっては師に譲らず」といった一句で、証拠として余りあると思う。師は尊敬すべき人だが、道理正しきことであればその師にすらゆずらなくてもよいとの一言のなかには、権利観念が生き生きと現れているではないか。論語を読んでいけば、これに類する言葉はたくさん見出すことができる。

監訳者からのアドバイス

ここで渋沢栄一がいいたいのは、秩序が絶対ではなく場合によっては例外がありえるということです。自分が正しいと思うのであれば貫けということでしょう。ただ、一時の感情によるものではなく、確たる道理がなければなりません。

○二 相互の情によって立つ社会全体が富む心掛け

「ただ王道あるのみ」

思うに、社会問題や労働問題などは、単に法律の力のみで解決できるものではない。たとえば家族内において、一も二も法律の裁断を仰ごうとすれば、一家団欒《だんらん》はほとんど望めないだろう。富豪と貧民との関係も、等しいものがあると思う。資本家と労働者は、従来は家族的な関係をもって成立してきた。法のみで取り締まろうとして、はたして思いどおりにいくだろうか。両者の間にあった、一種の情愛も疎隔《そかく》されれはしまいか。富豪も貧民も、王道をもって立ち、王道とはすなわち人間行為の模範だという考えをもって世に身を置けば、千の規則にも勝る。社会には、貧富の格差を強制的に引き直そうと願う者がいる。しかし貧富の格差は、程度の差こそあれ、いつの世にも存在する。人には能力の差があるから、誰も彼も豊かになるということはとても望めない。富の均等な分配など空想である。個人の富はすなわち国家の富なのだから、個人が豊かになろうとしなくて、どうして国家が豊かになるだろうか。国家を豊かにし、自分も栄達しようとするから、人々は日夜勉学に励むのである。その結果として貧富の格差が生じるのであれば、それは自然の成り行きだ。しかし、これをそのまま打ち捨てておけば、由々《ゆゆ》しき事態となるのもまた自然の結果である。ゆえにトラブルを防ぐ手段として、王道の振興に意識を向けてくれることを切望する。

監訳者からのアドバイス

渋沢栄一は結果の平等は非現実的だといっています。一方で機会の平等を理想としていたのではないかと思います。その実現のためには、ルールに従うだけでなく、それぞれが自発的に何が正しいか考え行動する必要があるといいたいのでしょう。

実業者側、とくに輸出貿易に従事する方に商業道徳というと、商業のみに道徳があるように聞こえるかもしれないが、道徳というものは世の中の人道であるから、単に商業家にのみ望むべきものではない。商業の道徳はこう、武士の道徳はこうと、変わるものではない。

〇三 道徳に基づいた善意の競争をせよ

「競争の善意と悪意」

なかでも商売をするうえでとくに注意を払ってほしいのは、競争に属する道徳である。競争が進歩の母というのは事実だが、この競争には善意と悪意があるようだ。よい工夫をして、知恵と勉強とをもって他人に勝とうとするのは善の競争だ。他人の評価がいいから、まねてかすめ取ってやろうとするなら、それは悪の競争である。競争の性質が善でなければ、人の妨げになるばかりでなく、自身も損失を受けるものだ。

では、どのように経営したらよいのかといえば、善意の競争に努めて、悪意の競争を避けるのである。道徳は日常にあるべきもので、時間と約束を守ろうとするのも道徳である。人にゆずるべきときにはゆずるのも道徳である。朝から晩まで、つねについて回るものなのだ。だから難しいもので、普段は隅のほうにしまっておいて、今日からは、この時間は道徳を行なうのだというようなものではない。どんな商売でも飽きるほどに勉強と注意、進歩を続けなければならない。同時に、悪の競争をしてはならないと、深く心にとどめておかねばならない。

監訳者からのアドバイス

この言葉には、悪い競争の形をとると自分にも悪い影響が返ってくる、よい競争をすればメリットが返ってくる、そういう意図があったように思います。それが事業の持続性にもつながるということがいいたいのでしょう。

〇四 心がつねに楽しめる社会に益する行ないをなせ

「合理的経営」

現代における事業界の傾向を見ると、悪徳重役なる者が出てきていて、株主から委託された資産を、まるで自分のもののように使って、私利を満たそうとする場合がある。まことに痛嘆すべき現象ではないか。

元来、商業は政治などに比べれば、機密などはもたずに経営するはずのものであろう。もちろん、これをいくらで売るから利益がいくら出るといったことまで、世間にふれ回る必要はない。要するに、不当になることさえないならば、道徳上かならずしも不都合とはならないと思う。しかし、純然たる嘘をつくのはよろしくない。こういったことが起こるのは、重役に不適切な人物を置いた結果だと断じるのである。

したがって、この禍根は重役に適任者を置きさえすれば、おのずからなくなる。だが、適材を適所に使うというのは、なかなか容易ではなく、現在においても器量に欠けた人で重役にあるものが少なくない。これは道徳の修養を欠いたことによる弊害である。自分は、つねに事業の経営においては、その仕事が国家にとって必要であり、道理に合うようにと心掛けてきた。それから、社会に益する行ないをするには、その事業が堅固に発達していかねばならないと心してきた。仮に一個人のみが大富豪となっても、社会の多数が貧困に陥るような事業であったならば、その幸福は継続されないのではないだろうか。

監訳者からのアドバイス

国家にとって必要、というところがポイントだと思います。仕事によって利益を上げなければ、社会にも利益を与えることはできません。みんなが富み、みんなが今日よりよい明日を迎える、渋沢栄一が目指したのはそのための経営です。

第八章

実業と士道——武士道をもって実業道とする

〇一 日本人がよるべき大和魂は商工業者の道でもある

「武士道はすなわち実業道なり」

武士道の真髄は正義、廉直《れんちょく》、義侠《ぎきょう》などが合わさったもので、一言で武士道といっても、なかなか複雑な道徳である。そして私が甚《はなは》だ遺憾《いかん》に思うのが、古来、商業者間にその気風が乏しかったことだ。

武士道が殖産功利の道と相反するように理解されたのは、仁と富とは並び立たないものという誤謬《ごびゅう》と同じものである。孔子の教えに、「賢者が貧賤においてその道をかえぬ」とあるのは、武士が戦場に臨んで敵に後ろを見せぬという覚悟と相似するものだ。

思うに武士道は、ただ儒者とか武士のみが行なうものではない。文明国における商工業者のよって立つべき道も、ここにあると考える。西洋の商工業者が個人間の約束を尊重するのも、正義や廉直の観念から生じるものにほかならない。

非道を行なってでも私利私欲を満たそうとすることがあったり、権勢にこびへつらってもその身の栄達を得ようと欲したりしても、けっしてその地位を永遠に維持することはできない。職業、身分を問わず、終始自力を本位として、道に背かぬことに専心し、そのうえで豊かになる努力を怠らぬことが真の人間の意義である。今や武士道はいい換えて、実業道としたい。日本人はあくまで、大和魂の権化たる武士道をもって立たねばならないのだ。

監訳者からのアドバイス

武士というと自分を犠牲にして全体を守る存在ですから、自分のことだけではなく利他も考えようということがいいたいのだと思います。ビジネスにはステークホルダーが必要だから、企業は全体を考えて活動すべきだということです。

○二 助け合うべき隣国・中国 Win-Winの自他相利

「相愛忠恕《そうあいちゅうじょ》の道をもって交わるべし」

日中間は使う文字も人種も同じであり、国が隣接することからしても、古来からの歴史でいっても、また思想や風俗、趣味の共通点が多いことに照らしてみても、助け合うべき関係だ。いかにして助け合っていけばいいのかといえば、人情を理解し、おのれの望まないことは他人にもしない、いわゆる相愛忠恕《そうあいちゅうじょ》の道をもって付き合う以外にない。

商業の真の目的が、たがいがあるものとないものを融通しあい、共に利益を手にすることにあるように、事業も道徳が伴って初めて真の目的に到達できるものだ。わが国が中国の事業に関わる場合も、自国の利益を図るのはもちろん、併せて中国も利する方法をとれば、日中間で真に助け合う関係を結ぶのは、けっして難しいことではない。

これについて、まず試みるべきは開拓事業である。そしてこの経営を共同出資によってなすのが最良だ。そうすることで日中間に緊密なる経済的連携が生じ、両国間で真に助け合う関係を築けるのである。

私は史料を通じ、中国のおもに唐虞《とうぐ》三代から殷周《いんしゅう》時代を尊敬している。このたび中国の地を踏み、期待が高かっただけに失望も深かった。

とりわけ気になったのは、中流社会が存在しないことと、中国の国民全体として観察したときに、個人主義や利己主義が発達して、国家を憂う心に欠けたることだ。この二つは中国の大欠点というべきである。

監訳者からのアドバイス

ここでいっているのは、Win-Win の関係を築こうということで、これは日中関係に限った話ではないと思います。私は日本が世界から必要とされるパートナーになることを期待しています。それには相愛忠恕が必要になるのではないでしょうか。

識者が力説するとおり、わが国民には外国品偏重の悪風がある。外国品を排斥する必要がないのと同じように、国内の品を卑下する理由もない。欧化主義の今なおお残る弊害と思われるが、維新以来半世紀になろうとする今日、いつまで欧米心酔の夢を見ているのだろう。

○三 国産品を卑下するべからず 自国の適不適を見極めよ

「模倣時代に別れよ」

外国産だからいいぞと脅かされたり、外国品だからこのウイスキーを飲まなければ時代遅れに見られると恐れたりしているようでは、独立国の権威と大国の民としての度量を、どうして保つことができよう。模倣の時代から去って、自発自得の域に入らねばならない。

私は、むやみに排外主義を宣伝したいわけではない。あるものとないものを融通しあうというのは経済の原則で、これに反して発展できるはずがない。佐渡から金が産出し、越後では米が取れる。国際間に拡大してみると、アメリカの小麦、インドの綿花、土地によって生産物は異なる。わが国に適するものをつくり、適しないものを仕入れることを間違わないようにしなければならない。

ただ、自然不相応の奨励を行なえば、ついには無理が生じる。親切なやり方も、かえって不親切な結果となる。保護したつもりが干渉・束縛となる。とくに商品の試作および紹介の際には、私利私情を離れて、公平と親切とを忘れないことを切望する。

監訳者からのアドバイス

ここで渋沢栄一がいいたいことのなかには、自由貿易の重要性ということも含まれていると思います。自由貿易のなかで自分たちの得意としているところを生かしていけば、世の中はより豊かになりますよね、ということです。

維新以後における商業道徳は、文化の進歩に伴わず、かえって衰えたという人もいる。私はその理由がわからず苦しんでいる。昔と今の商工業者を比較してみれば、今日のほうがはるかに優っていると断言できる。

○四 表面的な観察にとどまらず社会にあった道徳を育てる

「果たして誰の責任ぞ」

しかし一方で、ほかの物事ほどは道徳が進歩していないのは確かだ。なぜこういった論評が生まれたのかをよく考え、一日も早く、物質的進歩と比《ひ》肩《けん》する程度まで道徳を向上させねばならない。そのためには、先に述べた修身法によって、道徳を向上するのが先決だろう。

しかし、単に外国の風習ばかりを見てすぐにそれを応用しようとすれば、無理なことも出てきてしまう。国が違えば道義の観念も自然と違ってくるものだ。その国の社会に合う道徳を育てるよう努めなければならない。「父が呼べば返事をするまでもなく立ち上がり、君主が命じれば駕籠《かご》を待たずに行く」という、日本人の君主や父に対する道徳の考え方を示した言葉がある。これを個人本位の西洋の考え方と比較してみると、その違いは大変なものとなってしまう。西洋人が尊重する個人の約束も、君主や父の関係の前では顧みなくてよいことになるのだ。

日本と西洋では重要だと考えているものが違っている。その原因をよく考えようともせず、表面的な観察だけで非難するのは、理屈が通らないように思う。

監訳者からのアドバイス

道徳といういい方をしていますが、渋沢栄一が意図していたのは、自分を高めていくためには相手の価値観を尊重することが大事であるということだと思います。多様性を意識して日々の仕事をこなしていくことが大切ということです。

大和魂、武士道をもって誇りとするわが国の商工業者に、道義的観念が乏しいというのは、じつに悲しいことだが、そもそもの理由を考えると、従来からの教育の弊害であると思う。「民はこれによらしむべく、

○五 従来教育の弊害から脱し「信」の威力を知れ

「功利学の弊を芟除《せんじょ》すべし」

これを知らむべからず」という朱子派儒学の考え方が影響していることは確かだ。治められる側だった農工商業者は、道徳教育から放置され、みずからも道義による束縛を必要ないと考えるようになった。

悪習に染まった者を心変わりさせ、立派な人間に仕立てあげるのは簡単なことではない。まして、欧米から入ってくる新しい文明は、人を利益追求にばかり向かわせる。悪風はいよいよ助長されることになった。

事業を繁栄させようと、昼夜努力を尽くすのは事業家として立派なことだ。株主に忠実なのも悪くはないだろう。しかし、努力が利己心でしかなく、株主の配当を増やそうとするのも自分の金庫を重くしたいだけなら問題だ。会社を破産させ、株主に損害を与えたほうが自分の利益になる状況に遭遇したら、その誘惑に耐えられるかは怪しい。

利益追求の学問によって悪知恵ばかり増やした者を立派な人間にするのは簡単ではない。だからといってそのまま放任するのは、根のない枝に葉を繁らせようとするようなものだ。まずは商業道徳の真髄である信《しん》の威力を広め、経済界の根幹を堅固にすることが肝要である。

監訳者からのアドバイス

功利学とはビジネスハウツーのようなことですが、渋沢栄一はそれを否定しているのではありません。それだけでは足りないといっているのです。ここでいう根とは道徳観でしょう。根がなければ葉は繁らないし、台風で容易に倒れてしまいます。

競争は何物にも伴うもので、その最も激烈なのが、競馬とかボートレースである。自己の財産を増やすことも、競馬やボートレースと同様で激烈な競争が起こる。その果てに、目的のためには手段を選ばないというようにもなる。古語に「富をなせば仁ならず」というのも、そういうところから出た言葉だろう。

このように道理を誤るようになったのは、一般の習慣がそうさせたといわなければならない。徳川家康が天下を統一した当初は中国や西洋に接触していたが、イエズス会士の怪しい行動などもあり、長崎などの一部をのぞいて海外との接触が絶たれた。内を治める人が遵法《じゅんぽう》したのは孔子教だった。武士

◯六 「富をなせば仁ならず」の意味を取り違えるな

「かくのごとき誤解あり」

たちはいわゆる仁義孝悌忠信の道を修め、「仁をなせば富まず、富をなせば仁ならず」を実行したのである。つまり、人を治める側は消費者であり生産には従事しない。生産利殖に関わるのは、人を治め、人を教える者の職分に反するとして、「武士は食わねど高楊枝《たかようじ》」という姿勢を保った。生産利殖は仁義道徳と関係のない人の携わるものとされたから、すべての商業は罪悪でもあるかのようにいわれた昔と同様の状態になったのだ。これがほとんど三百年続いた。しだいに武士の知識や気力は衰え、精神が廃れ、商人は卑屈になって虚偽が横行するようになったのである。

監訳者からのアドバイス

商人は金もうけしか考えていないといわれ続けて、商人たち自身も、そうなのかなと自分たちの限界を定めてしまっている。もっと高いところから見ることで、見えなかった可能性も見えてくる。そういうことをいいたいのでしょう。

第九章

教育と情誼——学問のための学問をするな

〇一 親孝行も親不孝も親の行ないしだい

「孝は強《し》うべきものにあらず」

『論語』のなかに、「孟武伯《もうぶはく》孝を問う、子いわく、父母はただその疾《やまい》をこれ憂う」、「子游《しゆう》孝を問う、子いわく、今の孝なる者は、よく養うことをいう、犬馬に至るまで、みなよく養うことあり、敬《けい》せざれば何をもってか別《わか》たんや」など、しばしば孝行について説かれている。

しかし、親から子に対して孝行に励めと強いるのは、かえって子を親不孝の子にするものだ。親は自分の思いによって、子を孝行の子にも、不孝の子にもしてしまうのである。よく親を養うだけなら、獣でもすることだ。人の子としての孝行は、そのような簡単なものではないだろう。

私が二十三歳の頃、父が「お前は私と違ったところがある。本をよく読み、利発だ。本心をいえば手元にとどめておきたいが、それではかえってお前を不孝の子にしてしまうから、思うままにさせることにした」とおっしゃった。もし父が私を思うとおりにしようとしていたら、私は父に反抗したかもしれない。父の考えのおかげでそうはならず、私は孝行の子となることができた。孝行は親が子にさせるものなのである。

私も子どもに対しては父と同じような態度で臨むことにしている。私の子女はどちらかといえば私より劣るように思うが、責めて思いどおりにしようとしても、私のようになれるわけではない。子女がすべて私の思いどおりにならないからと、これを不孝だとは思わぬことだ。

監訳者からのアドバイス

孝行は、親がそのシチュエーションをつくってあげるものということをいいたいのでしょう。親孝行をしない子どもがいても、それは子どもが悪いのではなくて、そういう行動を子どもにとらせてしまう親にとっての課題なのです。

○二 昔の若者と最近の若者の差は教育の違いにすぎない

「現代教育の得失」

今の青年と昔の青年とは、今の社会と昔の社会のように異なっている。その境遇、教育を異にしているのだから、優劣を一言で表すことはできない。一部の人は、今の青年は浮ついていて元気がないなどというが、一概にそうとばかりもいえないだろうと思う。昔の少数の立派な青年と、最近の一般的な青年とを比較して、あれこれと指摘することは少し誤っている。今の青年のなかにも立派な者がいるし、昔の青年にも立派ではない者がいた。

維新以前の階級はきわめて厳格であった。おのずからその教育は異なるものだった。今は四民平等となり、貴賤貧富の差別なく教育を受けることなり、皆が同一の教育を受けるという状況だ。昔は少数でもよいから立派な者を出すという天才教育だったが、今は多数の者を平均して啓発するという常識的教育になっている。また、昔は心の学問だけに心を注いでいたが、最近は知識を得ることにのみ力を注いでいる。

総じて、現代の青年は学問を修める目的を誤っている。今の青年はただ学問のために学問をしているのである。確たる目的なく漠然と学んだ結果、社会に出てから自分は何のために学んだんだろう、という疑惑に襲われる青年がしばしばいる。学問すれば誰でも立派な者になれる、という一種の迷信のために、分不相応《ぶんふそうおう》の学問をして、後悔するのである。

監訳者からのアドバイス

俺たちの若い頃はというけれど、今の青年でも偉い人はいるし、昔の青年でも偉くない人はいる。そのとおりですね。昔から人は同じことに悩んでいたんだと希望がもてる一方、昔から何も変わらないとも感じさせる話です。

教育はたとえ女子だからといって、けっしておろそかにしていいものではない。まず、婦人が重要な役割を果たす子育てに関して、考慮する必要があると思う。

〇三 男女共々の活躍の時代 婦女への侮蔑を捨てよ

「偉人とその母」

婦人と子どもとの関係を統計的に研究してみれば、善良な婦人からは善良な子どもが多く生まれ、優れた婦人の教育によって優秀な人材ができるものである。とにかく優秀な人材は、賢明な母親に育てられたという例が非常に多い。だとすると、婦人に教育を受けさせるのは、教育された婦人を一人育てるというだけではなく、間接的に善良な国民を養成する大元となるわけである。したがって女子教育はけっしてないがしろにしてよいものではないのだ。

女子教育を重んじる理由はそれだけではない。明治以前の日本の女子教育は、中国思想からとったもので、精神的なことには力を入れても、知恵とか学問という方向は教えもしなかった。今日の社会に婦人教育がさかんだとはいっても、まだ十分とはいえない。女子もやはり社会を組織する上に立つ者だ。そうであるならば、女子に対する旧来の侮蔑的観念を除去し、男子同様国民としての知徳を与え、助け合うことができたのならば、これまで五千万の国民のうち二千五百万人しか用をなさなかったものが、さらに二千五百万人を活用できるのである。

監訳者からのアドバイス

バブル崩壊で景気がダメだといっていた頃、「問題じゃない。だって人口の半分しか活用していない」という外国人がいましたが、同じことを考える日本人は百年前からいたわけです。ただ、当時とは異なり、紳士にも子育ての重要な役割があります。

○四 知識詰め込みからの脱却 能動的な教育への革新

「理論より実際」

世間の教育のやり方を見てみると、総じて、単に知識を授けるということのみに重きを置きすぎている。いい換えれば、道徳を育てるという方面の教育が欠けている。また一方で、学生の気風を見ると、昔の青年の気風と違って、いまいち勇気と努力、それから自覚とかが欠けている。何しろ今の教育は学科が多い。その修得ばかりに追われ、時間が足りないといった風情だ。ほかを顧みる暇もなく、人格や常識などの修養に力を注ぐ余裕がないのも自然な話だ。

総じて、文明の進歩というのは、政治、経済、軍事、商工業などが残らず進んで、初めて見ることができるものだ。それなのに、日本ではその一大要素である商工業が、久しく顧みられなかった。最近は実業教育に注意する人が出てきて進歩が見えるが、惜しいかな、その教育の方法は理知の一方にのみ傾き、規律であるとか、人格であるとか、徳義であるとかということは、少しも顧みられない。

実業界に立つ者は、前述の諸性質に加えて、さらに一つ尊ばなければならないことが残っている。それは自由ということだ。実業のほうでは、軍事上の事務のように上官の命令を待っていては、ともすれば好機を逃してしまう。何事も命令を受けてやっているようでは、ちょっと栄達するのは難しいのである。知育と徳育を並行していきたいものだ。

監訳者からのアドバイス

最後の三行、受け身ではダメだといっているところに注目したい。昭和日本は規定どおりに正確に動くことによって成功しました。しかし、レールに乗っているだけでは得られないものもあります。思考停止に陥ってしまわないことが重要です。

○五 詰め込み型の知識教育では十人十色の人材は育たない
「人物過剰の一大原因」

経済の世界には需要供給の原則がある。実社会に身を投じようとする人にも、この原則が適用されるのではないだろうか。事業の規模には一定の限界があるが、人材は年々たくさん養成されている。そのため発展途上のわが実業界では、それらの人々を使い切ることができないのだ。

とくに高度な教育を受けた人の供給が多すぎる傾向が見受けられる。彼らは高尚な事業に従事したいという希望をもっているから、たちまちそこに人が集まり供給過剰が生じる。人を使う側は数が少なく、使われる側には無限の需要がある。ところが今日の学生のほとんどは、人を使う側になろうと志している。高度な理屈も知っているので、人に使われるなんて馬鹿らしいと思うようになってしまったのだ。同時にむやみに詰め込む知識教育をよしとしているから、似たりよったりの人材ばかり生まれるようになった。しかも修養をおざなりにした結果、気位ばかり高くなってしまった。人材が余るのも当然だ。

今に比較すれば、昔の教育の方法などはきわめて簡単なものだったが、学生はおのおの得意とするところに向かって進むので、十人十色《じゅうにんといろ》の人材に育っていった。これに対して今日では、学生は自分の才能の有無や、適不適もわきまえずに、下積みのような仕事をしようと考える者が少なくなってしまった。

監訳者からのアドバイス

現代では過去の事例を基に正しい答えが判断されます。しかし、こうした正しい答えからは、新しいものは生まれません。長所を生かす組織づくりが必要です。あまり短所に着目していると、ダイバーシティを損なうことになるかもしれません。

第一〇章

成敗と運命——道理に従い価値ある生涯とする

〇一 仕事に忠実で仁愛をもて それが幸運のもとになる

「ただ忠恕《ちゅうじょ》のみ」

仕事とは勤めるほどに精通し、気をゆるめれば荒れてしまうというが、何事も同様である。もし楽しみと喜びをもって事業に携わったのなら、飽きたり嫌になったりという苦痛はないだろう。これとは反対に、まったく興味がもてずイヤイヤ仕事をする場合には、かならず退屈を感じ、やがて不満を覚え、最後には仕事を放り出してしまうのが自然の流れではないだろうか。また、よく運の善悪ということを説く人がいる。人生の運は、努力してその運を開拓しなければ、けっしてつかむことはできないのである。愉快に仕事をし、災厄《さいやく》を招くことを避けたいと考えるのであれば、自分の仕事のなかに楽しみと喜びをもつようにすべきだ。しかしそうはいっても、仕事の内容にのみ腐心するのはよくない。内外のバランスを欠いてはならないのだ。

本院（東京市養育院）には、現在（大正四年一月）、二千五、六百人の窮民《きゅうみん》が収容されている。しかしその多くは、自業自得の人々である。しかし自業自得の者であっても、同情をもって接しないというのはよろしくない。人道は、何より忠恕《ちゅうじょ》を基盤とする。つまり仕事には忠実で、仁愛の念がなければならないということだ。彼らは精神に変調をきたしている場合も多い。社会の落伍者、敗残者として彼らに同情することが忠恕である。忠恕は幸運をつかむためのもとになるものだ。

監訳者からのアドバイス

運命というのは運ぶ命です。定まっていないということです。渋沢栄一は九十一歳まで生きて多くの成果を残したのですから相当な強運だったのでしょう。いろいろな人の話を聞き、接点をもって、運を呼び込んだ結果ではないでしょうか。

〇二 天は祈りでは動かない 謹んで未来を信じる

「人事を尽くして天命を待て」

ある宗教家は、天を魂ある一種の生命体であると解釈している。まるで人間が手足を動かすように、人に幸福や不幸を与えるというのだ。さらに祈願すれば、運命を操ってくれるかのようにも考えている。

しかし、天は宗教家方の考えているような、人格や人体をそなえたり、祈願の有無によって幸福や不幸を人の上にもたらしたりするものではないと私は考えている。天命とは、人がこれを知りもせず悟りもしないうちに、自然と行なわれていくものなのである。天とは不可思議な奇跡などを起こす存在ではない。

これが天命なのか、いや、こちらが天命なのかということは、つまるところ人間が自分でそれぞれ勝手に決めることであって、天にとっては少しも関知しないものだ。天命は人間が意識しようがしまいが、四季が順当に巡っていくように、すべての物事の間に降り注いでいくものだということを理解し、これに対する恭、敬、信をもって臨むべきものなのだ。そう信じてさえいれば、「人事を尽くして天命を待つ」という語のうちに含まれている真の意義が、初めて完全に理解できるようになるのではないかと思う。

監訳者からのアドバイス

努力をしても、思いどおりの成果は得られないかもしれません。しかし、その失敗には自分も知らない天命があったのだと思えば、いい意味であきらめがつくものです。そんなポジティブなマインドセットがこの言葉の意義なのだと思います。

ここに二人の人がいるとする。一人は地位もなければ富もなく、引き立ててくれるような先輩もいない。つまり社会に出て成功できる要素がきわめて少ない。しかし、その人には非凡な能力があって、健康で、勉強家で、やることが的《まと》を射ている。何をやらせても先輩を安心させるように仕上げ、いい意味で期待を裏切り続けるとすれば、多くの人は彼を称賛するに違いない。ついには地位も財産も手に入れるだろう。世間は彼を順境の人と思うだろうが、じつは順境でも逆境でもなく、彼がみずからの力でそういう境遇をつくり出したにすぎないのだ。

もう一人は、性質が愚鈍《ぐどん》でかつ不勉強であるから、職に就いても上司

○三 順境も逆境もない 境遇は自分から招く

「順逆の二境はいずれより来るか」

から命じられたことを思うようにこなせない。上司の評価も低く、ついには免職されることになってしまう。家に帰れば、父母兄弟にうとまれる。家族からの信用がないので、故郷でも信用が得られない。こうなっては不満がますます高まり、自暴自棄に陥ってしまう。世間では、これを見て逆境の人という。確かにそのようにも見える。しかし、じつはそうではなく、みずから招いた境遇なのだ。

要するに、悪い人間はいくら教えても聞いてくれない。よい人間は教えなくても自然に運命をつくりだしていく。だから厳正な意味では、この世の中に順境も逆境もないということになる。

監訳者からのアドバイス

逆境には二つあるという話もありました。ここでいっているのは人為的な逆境のことでしょう。きちんと努力を重ねれば、結果として順境に恵まれる。かならず順境になるとまではいえないけれど、少なくとも逆境ではないといっています。

○四 失敗を恐れていては新しい事業などできない

「細心にして大胆なれ」

社会の進歩と共に秩序が整ってくるのは当然のことだが、それと共に新しい活動は始めにくくなり、自然と保守に傾くようになる。間違いや失敗を恐れてためらうような気力の弱さでは、結局、国の勢いを衰えさせてしまう。この点をよく考え、おおいに計画し、成長を遂げ、真の価値ある一等国とならなければならない。溌剌《はつらつ》とした進取の気力を養い、それを発揮しなければならないと痛感している。

そのためには、本当の意味で独立独歩の人となる必要がある。人に頼ってばかりでは、自信が育たない。また、堅苦しい物事にこだわり、細かいことを気にしていては、溌剌とした気力がすり減り、進取の勇気をくじくことになる。細心にして周到な努力は必要だが、一方で大胆なる気力も発揮しなければならない。細心と大胆の両面を兼ね備え、溌剌と活動することで、初めて大事業を完成し得るものである。

自立して何ものにも頼らずやっていくためには、今日のように民間の事業が政府の保護に執着するような風潮を一掃し、政府の助けを借りずに事業を発展させていく覚悟が必要だ。また、一部分のことだけに没頭してしまうと、法律や規則の類《たぐ》いばかり増え、規定を守ることだけで満足するようになる。こんなことにあくせくしているようでは、とても新しい事業を経営し、世界の大勢に乗っていくことはおぼつかない。

監訳者からのアドバイス

政府が何でもやってくれるようになると、民間はみずからの力を削ぎ落としてしまうのでは、というのがポイントです。ルールを守ることだけで満足すると、新しい創造をすることができません。思考停止に陥ってしまうことに注意が必要です。

〇五 一時の成敗にこだわらず運命をみずから開拓する

「成敗は身に残る糟粕《そうはく》」

世の中には悪運によって成功したように見える人もいる。しかし、人を見る際に、単に成功したとか失敗したとかを基準とするのは、根本的に誤りではないだろうか。現代の人の多くは、ただ成功とか失敗とかいうことのみを眼中に置いて、それよりももっと大切な「天地間の道理」を見ていない。

知者はみずから運命をつくるというが、運命のみが人生を支配するものではない。そこに知恵が伴って、初めて運命を拓《ひら》くことができるのだ。いかに善良な人間でも、知恵が乏しく、いざというときに機会を逃しているようでは成功はおぼつかない。

人生の道筋はさまざまで、善人が悪人に負けたように見えることもある。しかし長い目で見れば善悪の差ははっきりと結果として表れる。だから、成功や失敗の善し悪しを論ずるよりも、まず誠実に努力することだ。そうすれば公平無私なる天は、かならずその人に幸運を与え、運命が拓くように仕向けてくれるのである。

一時の成功や失敗は、長い人生における泡沫《ほうまつ》のようなものである。ところが、この泡沫にあこがれて、目前の成敗を論ずる者が多いようでは、国家の発達進歩も思いやられる。成功など、なすべきことを果たした結果生まれた糟粕《そうはく》にすぎないのだから、気にする必要などないのである。

監訳者からのアドバイス

つねに誠実に行動して運命を開拓すればいいということです。つまずいたら、今の力が足りなかったということでリセットして、また挑戦すればいい。そうすればいつかは幸運がくる。失敗や成功は目先の金銭で判断するものではありません。

おわりに

人間は単純な生き物です。未来を予測しようとすると、最も簡単な方法を選びます。つまり、現在取り組んでいる事柄から、一直線に未来を描くのです。だからかつての高度経済成長期やバブル期には、同じような成長がずっと続くものと未来を思い描いていました。逆に今の少子高齢化が進んだ社会では、ずっとダメなんじゃないかと、不安な未来を描いてしまう傾向があるかと思います。

けれど実際には、ずっと同じような成長や衰退が続くことはありません。アメリカの作家、マーク・トウェインの言葉に、「歴史はくり返すことはない。韻《いん》を踏む」というものがあります。まったく同じようにくり返すことはないけれど、周期性はあるというような意味で捉えています。

バブル期の一九八九年十二月、日経平均株価は三万八九一五円と最高値を記録しました。一九六〇年からの三十年は、繁栄の三十年だったということができるでしょう。

ここでいう繁栄は、経済的に栄えたというだけではなく、日本人が自信をもてていたということです。「ジャパン・アズ・ナンバーワン」といわれた、そんな時代です。

では、その前の三十年間、一九三〇〜六〇年には何があったかというと、第二次世界大戦です。それまでの常識が徹底的に破壊され、リセットされました。

さらにその前の三十年間、つまり一九〇〇〜三〇年ですが、ここでは日露戦争がありました。後進国だった日本が、先進国に追いついたことを示したのです。この時代は繁栄の時代だったといえるのではないかと思います。

一八七〇〜一九〇〇年は明治維新です。三百年続いた江戸幕府の常識が破壊されたのが維新だったといえるでしょう。そこから次の繁栄が生まれることになりました。

三十年周期の破壊と繁栄、そんなリズムが見えてくると思います。そう考えると、バブルがはじけた後の不景気を指して、「失われた二十年」という言葉がありますが、この時代は失われたというより、破壊された時代に入っていたのかなと思います。年功序列とか、大企業がリストラするわけがないみたいな常識が壊された時代。けれど決定的な破壊にまでは至りませんでした。そんななか、一九九〇年から三十年にあたる二〇二〇年に起こったのが、コロナ禍です。世界が同時に止まってしまうという「グレートリセット」です。そして皆が「ニューノーマル」を探しています。

また二〇二〇年は人口動態から見ても、意味のある年です。昔は人口動態がピラミッド型でしたが、九〇年頃からひょうたん型になってきました。そして二〇二〇年以降は、人口動態を見ると全国的な世代交代が著しく加速します。四十代が人口のボリュームゾーンになる。社会に出てから高度成長時代やバブルの恩恵を受けたことのない、過去の成功体験に縛られることなく行動できる人たちです。

さらにいえば、その下の三十代や二十代というのは、物心ついた頃から、あるいは生まれたときからインターネットが当たり前にあった、デジタルネイティブと呼ばれる世代です。インターネットには国境がありません。日本だけを見ていれば、確かに三十代や二十代というのは人口的マイノリティですが、世界全体で見ればむしろマジョリティになります。日本国内にこだわるのではなく、世界と一緒に豊かな未来をつくるのであれば、いろいろな可能性が見いだせると思います。

昭和の時代は「メイド・イン・ジャパン」で、大成功を納めました。あまりに成功しすぎていろいろな国からバッシングされたほどです。そこで、あなたの国でつくりますという「メイド・バイ・ジャパン」にシフトしました。これからの日本に私が期待したいのは、そのどちらでもなく、「メイド・ウィズ・ジャパン」です。いろいろな国から必要とされるパートナーになれれば、人口が減っても一定の豊かさを保てると思うのです。

過去の成功体験だけを頼りに進んでいけば、待っているのは人口が減って、そのぶん生産力も減り、国としても衰えていくという未来です。しかし、マインドを切り替えることができれば、自分たちの力で、よい未来もつくれるはずです。この本を通じて時代の大変革者であった渋沢栄一の言葉に触れて、そんな見えない未来を目指してもらいたいと思います。

二〇二一年一月　渋澤健

［渋沢栄一　年譜］

西暦	和暦	年齢	主なできごと	日本と世界の動き
1840	天保11年	0	2月13日、現在の埼玉県深谷市血洗島に生まれる。	アヘン戦争勃発
1847	弘化4年	7	従兄尾高惇忠から漢籍を学ぶ。	
1854	安政1年	14	家業の畑作、養蚕、藍問屋業に精励。	
1858	安政5年	18	従妹ちよ（尾高惇忠の妹）と結婚。	日米修好通商条約、安政の大獄
1863	文久3年	23	高崎城乗っ取り、横浜焼き討ちを企てるが、計画を中止し京都に出奔。	井伊大老暗殺（1860）
1864	元治1年	24	一橋慶喜に仕える。	外国艦隊下関を砲撃
1865	慶応1年	25	一橋家歩兵取立御用掛を命ぜられ領内を巡歴。	
1866	慶応2年	26	徳川慶喜、征夷大将軍となり、栄一は幕臣となる。	長州征伐、薩長同盟
1867	慶応3年	27	徳川昭武に従ってフランスへ出立（パリ万博使節団）。	大政奉還、王政復古
1868	明治1年	28	明治維新によりフランスより帰国、静岡で慶喜に面会。	戊辰戦争（1868～1869）

1869	明治2年	29	静岡藩に「商法会所」設立。 明治政府に仕え、民部省租税正となる。 民部省改正掛掛長を兼ねる。	東京遷都 東京・横浜間に電信開通
1870	明治3年	30	官営富岡製糸場設置主任となる。	平民に苗字使用許可
1871	明治4年	31	紙幣頭となる。『立会略則』発刊。	廃藩置県
1872	明治5年	32	大蔵少輔事務取扱。抄紙会社設立出願。	新橋・横浜間鉄道開通
1873	明治6年	33	大蔵省を辞める。第一国立銀行開業・総監役。 抄紙会社創立（後に王子製紙会社・取締役会長）。	
1874	明治7年	34	東京府知事より共有金取締を嘱託される。	
1875	明治8年	35	第一国立銀行頭取。 商法講習所創立。	
1876	明治9年	36	東京会議所会頭。東京府養育院事務長（後に院長）。	私立三井銀行開業
1877	明治10年	37	択善会創立（後に東京銀行集会所・会長）。 王子西ヶ原に別荘を建てはじめる。	西南戦争
1878	明治11年	38	東京商法会議所創立・会頭（後に東京商業会議所・会頭）。	

1879	明治12年	39	グラント将軍（元第18代米国大統領）歓迎会（東京接待委員長）。東京海上保険設立・相談役。	
1880	明治13年	40	博愛社創立・社員（後に日本赤十字社・常議員）。	
1882	明治15年	42	ちよ夫人死去。	日本銀行営業開始
1883	明治16年	43	大阪紡績会社工場落成・発起人（後に相談役）。伊藤兼子と再婚。	鹿鳴館開館式
1884	明治17年	44	日本鉄道会社理事委員（後に取締役）。	華族令制定
1885	明治18年	45	日本郵船会社創立（後に取締役）。東京養育院院長。東京瓦斯会社創立（創立委員長、後に取締役会長）	内閣制度制定
1886	明治19年	46	「竜門社」創立。東京電灯会社設立（後に委員）。	
1887	明治20年	47	日本煉瓦製造会社創立・発起人（後に取締役会長）。帝国ホテル創立・発起人総代（後に取締役会長）。	
1888	明治21年	48	札幌麦酒会社創立・発起人総代（後に取締役会長）。東京女学館開校・会計監督（後に館長）。	
1889	明治22年	49	東京石川島造船所創立・委員（後に取締役会長）。	大日本帝国憲法公布
1890	明治23年	50	貴族院議員に任ぜられる。	第一回帝国議会

1891	明治24年	51	東京交換所創立・委員長。	
1892	明治25年	52	東京貯蓄銀行創立・取締役（後に取締役会長）。	日清戦争勃発（1894）
1895	明治28年	55	北越鉄道会社創立・監査役（後に相談役）。	日清講和条約調印
1896	明治29年	56	日本精糖会社創立・取締役。 第一国立銀行が営業満期により第一銀行となる。 引続き頭取。 日本勧業銀行設立委員。	
1897	明治30年	57	澁澤倉庫部開業（後に澁澤倉庫会社・発起人）。	金本位制施行
1900	明治33年	60	日本興業銀行設立委員。男爵を授けられる。	
1901	明治34年	61	日本女子大学校開校・会計監督。（後に校長） 東京・飛鳥山邸を本邸とする。	
1902	明治35年	62	兼子夫人同伴で欧米視察。ルーズベルト大統領と会見。	日英同盟協定調印
1904	明治37年	64	風邪をこじらせ長期に静養。	日露戦争勃発
1906	明治39年	66	東京電力会社創立・取締役。 京阪電気鉄道会社創立・創立委員長（後に相談役）。	鉄道国有法公布
1907	明治40年	67	帝国劇場会社創立・創立委員長（後に取締役会長）。	恐慌、株式暴落

1908	明治41年	68	アメリカ太平洋沿岸実業家一行招待。	
1909	明治42年	69	多くの企業・団体の役員を辞任。渡米実業団を組織し団長として渡米。タフト大統領と会見。	
1910	明治43年	70	政府諮問機関の生産調査会創立・副会長。	日韓併合
1911	明治44年	71	勲一等に叙し瑞宝章を授与される。	
1912	大正1年	72	ニューヨーク日本協会協賛会創立・名誉委員長。帰一協会成立。	
1913	大正2年	73	日本結核予防協会創立・副会頭。（後に会頭）日本実業協会創立・会長。	
1914	大正3年	74	日中経済界の提携のため中国訪問。	第一次世界大戦勃発
1915	大正4年	75	パナマ運河開通博覧会のため渡米。ウイルソン大統領と会見。	
1916	大正5年	76	第一銀行の頭取等を辞め実業界を引退。日米関係委員会が発足・常務委員。	
1917	大正6年	77	日米協会創立・名誉副会長。	事実上の金本位制停止
1918	大正7年	78	渋沢栄一著『徳川慶喜公伝』（竜門社）刊行。	

1919	大正8年	79	協調会創立・副会長。	ヴェルサイユ条約調印
1920	大正9年	80	国際連盟協会創立・会長。 子爵を授けられる。	株式暴落（戦後恐慌）
1921	大正10年	81	排日問題善後策を講ずるため渡米。 ハーディング大統領と会見。	
1923	大正12年	83	大震災善後会創立・副会長。	関東大震災
1924	大正13年	84	日仏会館開館・理事長。 東京女学館・館長。	米国で排日移民法成立
1926	大正15年	86	日本太平洋問題調査会創立・評議員会長。 日本放送協会創立・顧問。	
1927	昭和2年	87	日本国際児童親善会創立・会長。 日米親善人形歓迎会を主催。	金融恐慌勃発
1928	昭和3年	88	日本航空輸送会社創立・創立委員長。 日本女子高等商業学校発起人。	
1929	昭和4年	89	中央盲人福祉協会創立・会長。	世界大恐慌はじまる
1930	昭和5年	90	海外植民学校顧問。	金輸出解禁
1931	昭和6年	91	11月11日永眠。	満州事変

原作者　渋沢栄一（しぶさわ・えいいち）

明治・大正期の実業家。天保11（1840）年豪農の長男として生まれ、一橋家に仕える。慶応3（1867）年パリ万国博覧会に出席する徳川昭武に随行し、欧州の産業、制度を見聞。明治2（1869）年新政府に出仕し、5年大蔵少輔事務取扱となるが、翌年退官して実業界に入る。第一国立銀行の総監役、頭取となった他、王子製紙、大阪紡績、東京瓦斯など多くの近代的企業の創立と発展に尽力した。『論語』を徳育の規範とし、「道徳経済合一説」を唱える。大正5（1916）年実業界から引退するが、その後も社会公共事業や国際親善に力を注ぐ。昭和6（1931）年永眠。

監訳者　渋澤 健（しぶさわ・けん）

「日本近代化の父」といわれる渋沢栄一の玄孫。コモンズ投信株式会社取締役会長。JPモルガン、ゴールドマン・サックスなど米系投資銀行でマーケット業務に携わり、1996年に米大手ヘッジファンドに入社、97年から東京駐在員事務所の代表を務める。2001年に独立し、シブサワ・アンド・カンパニー株式会社を創業。07年、コモンズ株式会社を創業（08年にコモンズ投信株式会社に社名変更し、会長に就任）。経済同友会幹事。著書に『渋沢栄一100の訓言』『渋沢栄一100の金言』（いずれも日経ビジネス人文庫）など多数。

超約版《ちょうやくばん》 論語《ろんご》と算盤《そろばん》

2021年1月20日　初版第1刷発行
2024年8月10日　初版第5刷発行

原作者　渋沢栄一
監訳者　渋澤 健
発行者　江尻 良
発行所　株式会社ウェッジ
〒101-0052 東京都千代田区神田小川町1丁目3番地1
NBF小川町ビルディング3階
電話 03-5280-0528　FAX03-5217-2661
https://www.wedge.co.jp/　振替 00160-2-410636

編集協力　株式会社クリエイティブ・スイート
装幀・組版　佐々木博則
印刷・製本　株式会社暁印刷

※定価はカバーに表示してあります。
※乱丁本・落丁本は小社にてお取り替えいたします。

ISBN978-4-86310-235-4　C0030